НЕЙРОННОЕ ПРОГРАММИРОВАНИЕ ДИАЛОГОВЫХ СИСТЕМ

СЕРГЕЙ ТОЛКАЧЕВ

ОГЛАВЛЕНИЕ

ВВЕДЕНИЕ

...бывали случаи, когда из положительно дикого брожения умов
выходила со временем истина.
И. М. Сеченов. «Рефлексы головного мозга».

Способность выслушать и понять собеседника является одним из наиболее ценных достоинств человеческого общения. Задавая вопросы или просто обмениваясь фразами в процессе разговора, мы стремимся получать ответы, адекватные нашим внутренним потребностям. Нас в равной степени не удовлетворяют как сообщения, не приносящие информации, так и ответы, в которых ее количество значительно превосходит внутренние ограничения, установленные нами для конкретного разговора. Смысловое содержание ответа или адекватная реакция собеседника является одним из основных критериев, определяющим качество разговора и влияющим на изменение внутреннего состояния человека в процессе коммуникативного общения.

Если предположить, что у субъекта разговора существует некоторая целевая функция, которая определяет ожидаемое количество информации (*желаемый результат*), а количество информации, в поступающих к этому субъекту сообщениях, изобразить в виде некоторой траектории, то в зависимости от характера разговора эти траектории могут принимать самую разнообразную форму (рис. 1). Иногда необходимый результат может быть достигнут оптимальным образом (*a*). В иных случаях, задав тот или иной вопрос, вместо полезного ответа может быть получено большое количество избыточной информации, которая может увести далеко от первоначальной цели (*b*) и (*c*).

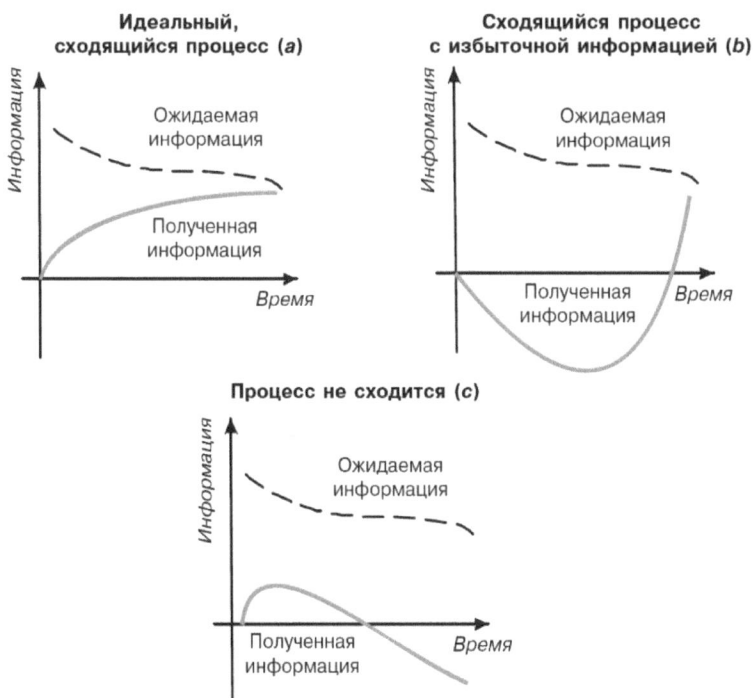

Рис. 1. *Траектории развития процессов взаимодействия*

Поток слов, поступающих к участнику разговора в процессе обмена сообщениями, вызывает возмущение сознания, которое можно представить себе, как волнение поверхности воды в результате падения капель дождя. Распространение информационных волн в сознании, их интерференция друг с другом и взаимодействие с глубинными внутренними процессами образуют сложную систему, исследование и моделирование которой может быть достигнуто с применением методов и средств, аналогичных тем, которые применяются в физике и позволяют описывать поведение полей и частиц, основываясь на корпускулярно-волновых свойствах материи.

Если считать, что ожидаемое количество информации, которое мы стремимся получить в процессе взаимодействия, должно быть адекватно количеству информации, которое нам будет передано в ответе, мы можем сформулировать принцип информационной адекватности следующим образом:

$$I\,(A) \sim I\,(Q),$$

где

I (A) - *количество информации в ответе* **A**;
I (Q) - *ожидаемое количество информации в ответ на заданный вопрос* **Q**.

В вычислительной технике широко применяются информационные характеристики различных видов устройств: памяти, процессоров, каналов связи и т. п., а из теории информации хорошо известны способы измерения информационных свойств потоков сообщений. Мы можем использовать аналогичные меры для оценки качества процессов взаимодействия и состояния, участвующих в этом процессе систем. Однако если большинство информационных характеристик в вычислительной технике являются статическими, то процессы человеческого общения имеют ярко выраженный динамический характер. Моделирование таких процессов, определение их информационных характеристик, нахождение оптимальных траекторий взаимодействия и т. п. относятся к группе наиболее сложных и трудоемких задач в современном программировании. Среди основных факторов, определяющих их сложность можно выделить, в первую очередь, следующие:

- *большое количество динамических параметров;*
- *постоянная адаптация и развитие внутренней структуры и функций;*
- *отсутствие четких критериев качества поведения.*

Решение этих задач только лишь средствами традиционного программирования сопряжено с проблемами, корни которых лежат в логических основаниях алгоритмического моделирования. Программирование алгоритмических моделей, основу которого составляют последовательности пассивных логических конструкций, во многих случаях позволяет получить приемлемый результат, но при этом *программа* и *результат* принципиально различаются и отделены друг от друга. В нейронных моделях используются активные элементы, обладающие внутренними динамическими

6

свойствами и способные самостоятельно принимать и передавать сигналы. При этом исполнительные элементы и результаты представляют собой единое целое - динамическое пространство параллельных процессов и их состояний. Одним из способов создания таких моделей является нейронное программирование, под которым мы будем понимать методы организации и управления активными элементами в интерпретирующих системах. Нейронное программирование обладает одним неоспоримым достоинством - природа в процессе эволюции уже построила огромное количество биологических прототипов, широкий спектр которых включает как нервные системы простейших многоклеточных, так и человеческий мозг, самую сложную из известных на сегодняшний день организованных систем, поэтому применение знаний биологии и нейрофизиологии может оказать существенную помощь при программировании искусственных нейронных систем.

Большой разброс в сложности моделируемых систем предполагает применение соответствующих технологий программирования. В такой же степени, как и в алгоритмическом программировании методы построения больших операционных систем отличаются от методов написания небольших индивидуальных программ, в нейронном программировании процесс построения больших моделей существенно отличается от создания небольших по своему объему систем.

Технологии построения информационных систем относятся к области особых интересов в программировании. Среди многих работ в этом направлении можно выделить раннюю статью Э. Дейкстры *"The Structure of 'THE'- Multiprogramming System"* [7], в которой он сформулировал принципы построения программных систем, существенно отличающиеся от широко принятых тогда технологий программирования (см., например, Ф. Брукс *"Мифический человеко- месяц"* [3]). В этой работе Дейкстра рассматривает не только общие технологические принципы, но также вводит синхронизирующие примитивы - семафоры, при помощи которых ему удается решить проблему асинхронного распараллеливания процессов. Технология и новые структурно-функциональные решения в его работе взаимосвязаны, и это в совокупности позволяет ему получить решение, значительно опережающее известные в то время системы.

Представления Дейкстры о программировании, его элегантные теоретические и практические решения продолжают оставаться привлекательными для всех, кто связан с этой дисциплиной. В одном из своих последних интервью, голландской телекомпании *VPRO* в 2001 году, рассуждая о сути программирования, он говорит следующее:

> *Существуют совершенно различные стили программирования. Я могу сравнить их с тем, как сочиняли музыку Моцарт и Бетховен. Когда Моцарт приступал к записи партитуры, композиция у него уже существовала в завершенном виде. Он записывал партитуру с первого раза набело. Бетховен был скептик и борец, который начинал писать до того, как он имел сложившуюся композицию... Для того, чтобы сочинять музыку, нужно уметь записывать ноты. Но быть композитором это вовсе не означает умение записывать ноты. Чтобы быть композитором, нужно чувствовать музыку.*

http://www.cs.utexas.edu/users/EWD/videos/NoorderlichtVideo.html

Дейкстра затрагивает особенную тему в программировании, связанную с индивидуальным творчеством и использует при этом аналогии с музыкой. Продолжая эту аналогию, можно сравнить необходимые для построения нейронных моделей интерпретирующие системы с различными музыкальными инструментами. Для исполнения больших и сложных музыкальных произведений в симфонических оркестрах используются самые разнообразные группы инструментов. Для исполнения произведений камерной музыки, оказывается вполне достаточно одного. Среди инструментальных систем, предназначенных для индивидуального (камерного) программирования, особый интерес представляет система *HyperCard*. В этой системе удачно совмещены средства представления данных, и система динамической интерпретации скриптов, что позволяет использовать ее как внешнюю оболочку-интерфейс к нейронным моделям. Архитектура системы *HyperCard* во многом послужила прототипом для веб-страниц, однако его возможности до сих пор во многих отношениях превосходят средства динамического программирования *DHTML*.

К сожалению, в 90-х годах система *HyperCard* была заморожена и в настоящее время практически прекратила свое существование. Причина в том, что руководство *Apple* не смогло понять и оценить ее стратегическое значение. В своем интервью, данном в 2003 году *CNET News*, Джон Скали, бывший в 80-х годах президентом компании *Apple*, рассказал об этом так:

> *Если я обращусь назад, на то, чтобы я хотел сделать по-другому тогда, когда я был в Apple, я думаю, что самая большая упущенная возможность - это система HyperCard. Она была создана в 1987 году первым программистом Apple - Билом Аткинсоном. Мы никак не могли понять, что же она из себя представляет на самом деле. Мы думали, что это была система для создания прототипов. Мы думали, что это была база данных. Был пример, когда она использовалась как интерфейс с протоколом TCP/IP для работы с суперкомпьютером Cray. У нас не хватило проницательности, чтобы понять, что все, что было внутри HyperCard, было на самом деле то, что позднее будет успешно разработано Тимом Бернес-Ли, с протоколами HTTP и HTML.*

http://news.com.com/2008-7351-5085423.html

В этом смысле между системой программирования *HyperCard* и нейронными методами моделирования есть много общего. Нейронные модели в конце 60-х годов были определены как бесперспективные, и понадобились два десятилетия для того, чтобы интерес к этому направлению возродился вновь. Однако до сих пор этот интерес имеет скорее математический, чем программистский характер. Современные исследования свойств нейронных систем, в первую очередь, связаны с математическими задачами классификации и соответственно с нахождением оптимальных методов формирования весов межнейронных связей. Для программистов же, в первую очередь, интерес представляют динамические свойства нейронов, их уникальные способности к соединению, реконфигурации и размножению. Эти свойства нейронных моделей удивительно совпадают со свойствами Интернет, который является саморазвивающейся, децентрализованной системой и в которой происходит огромное количество параллельных процессов.

В основе Интернет лежит обмен сообщениями, которые могут быть представлены в самой разнообразной форме, что позволяет рассматривать его как большую интерактивную систему. При этом взаимодействие может происходить как с участием человека, так и при помощи различных ботов - искусственных представителей, способных автоматически просматривать содержимое веб-страниц, отвечать на вопросы посетителей, делать ставки на аукционах и т. п. Для построения таких ботов используются различные методы программирования, включая нейронное моделирование, которому в последнее время уделяется все большее внимание.

Результатом программирования - нейронного или алгоритмического - в конечном итоге является программный продукт, обладающий определенными коммерческими свойствами. По мере увеличения общего количества пользователей в Интернет, потребности рынка в высокотехнологичных системах, способных упростить процессы общения человека с компьютером, постоянно возрастают. Можно по-разному относиться к известному письму Билла Гейтса - *"An Open Letter to Hobbyists"*, в котором он призывает к коммерческому профессионализму в программировании (все программы, которые прилагаются к этой книге, относятся к категории *Open Software* и могут быть использованы свободно, в соответствии с общепринятыми нормами), однако тот факт, что на рынке к нейронным системам сегодня проявляется повышенный интерес, позволяет надеяться, что помимо профессионального любопытства, нейронное программирование сумеет привлечь коммерческий интерес разработчиков.

Судьба программного продукта зависит от множества разнообразных и зачастую противоречивых факторов. Творческие устремления и поиски интересных решений сталкиваются с коммерческими требованиями и технологическими ограничениями. Если представить процесс программирования, как постоянное нахождение упругого баланса между точками в пространстве, которые задают эти ограничения: то искусство является одним из его важных составляющих. Искусство играет принципиальную роль в балансе между практическим смыслом и теоретическими ограничениями именно потому, что оно помогает находить компромиссы и соединять противоречивые взгляды в практике и теории [21]. Стремление к такому соединению, поиск различных подходов, методов и представлений, которые позволят решать все более широкий круг постоянно возникающих перед программистами задач, и является главной целью этой книги.

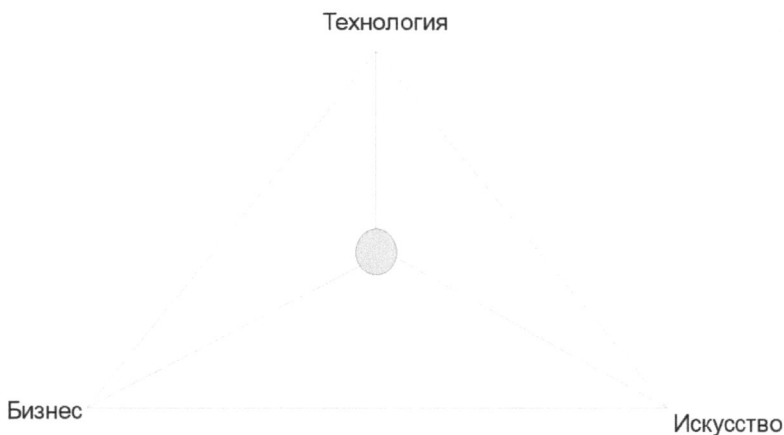

Технология

Бизнес

Искусство

ЭНЕРГИЯ, ИНФОРМАЦИЯ И ЗНАНИЯ

В основе процессов преобразования как энергии, так и информации лежат общие по своей сути принципы, что позволяет предположить, что практические конструкции энергетических машин и информационных систем должны обладать некоторыми подобными свойствами. Основываясь на этих аналогиях, мы попытаемся применить такие физические понятия как работа, мощность, к. п. д., принцип неопределенности и другие к анализу информационных систем и надеемся, что накопленный в индустриальном мире опыт проектирования и эксплуатации механизмов и энергетических устройств поможет в проектировании информационных машин.

С развитием информационных технологий возникли такие виды деятельности как виртуальные предприятия, электронная торговля, дистанционное обучение, удаленная диагностика, информационно-поисковые сервисы и т. п., открывшие перед человечеством принципиально новые возможности, но одновременно с этим появился и ряд новых практических и теоретических проблем. Среди них - извлечение знаний из больших распределенных источников данных, удаление мусора из потоков сообщений, взаимодействие на естественных языках, интеграция разнородных каналов связи, и другие, которые в свою очередь вызвали необходимость пересмотра и расширения некоторых из методов и технологий современного программирования. Так, например, увеличение доступных объемов, данных во многих случаях не только не приводит к положительному результату, а наоборот, вызывает переполнение каналов связи и ухудшение качества принятия решений. Попытки создания унифицированных интерфейсов и инвариантных, по отношению к конкретному человеку, форм представления данных, отторгаются пользователями вследствие естественного стремления людей к индивидуализму. Навигационные меню и подсказки, зачастую вместо сокращения траектории просмотра, значительно увеличивают время поиска нужной информации. Один и тот же запрос в поисковый сервис, посланный из двух соседних компьютеров - может вернуть различные результаты. Если до появления Интернет, задачи обработки данных были в основном связаны с поиском и восстановлением недостающей информации из ограниченных локальных объемов данных, то в настоящее время все более актуальными становятся индивидуальная фильтрация и преобразование информации из постоянно возрастающих и практически неограниченных потоков сообщений, приходящих извне. При этом, статические, основанные на однозначных логических выражениях формы представления, используемые в традиционном теоретическом программировании, не соответствуют реалиям Интернет, где программы, структуры и данные находятся в постоянной динамике.

Среди множества практических задач, которые решаются в вычислительной технике на протяжении всего периода ее существования - подготовка данных относится к категории «вечных». На ее примере можно проследить эволюцию нескольких поколений технических и программных средств организации данных, которая сегодня привела к возникновению центров дистанционного обслуживания (*Call Centers*). В 2005 году в мире насчитывалось более 70 000 таких центров, в которых работало более 3,5 миллионов человек. Одним из главных критериев успешного развития бизнеса является постоянное повышение качества обслуживания пользователей и становится очевидным, какое стратегическое значение приобретают эти центры в современном деловом мире.

С момента появления перфолент и перфокарт, структуры данных и технологии их обработки постепенно трансформировались из системы подготовки и накопления данных, в системы реагирования на запросы, поступающие в реальном времени. Современные центры дистанционного обслуживания являются сложными коммутационно-диспетчерскими комплексами, которые во многих случаях территориально распределены по всему миру. Одна из ключевых функций таких центров - принять сообщение, определить его смысл и пере-коммутировать абонента к соответствующему сервисному подразделению. На сегодняшний день сложилась ситуация, когда количество людей, инициирующих различные запросы или сообщения по телефону, в виде электронной почты или в чате, уже значительно превосходит доступный персонал, и очевидно, что по мере глобализации международного сообщества эта проблема будет все более усугубляться. Создание виртуальных представителей, способных в определенной мере понимать входные запросы и адекватно реагировать на них, по возможности отвечая или переключая на соответствующие сервисы, является одним из возможных решений этой проблемы (рис. 2). Для того, чтобы это решение было эффективным, необходимо, чтобы технологии обучения виртуальных агентов были просты и доступны для авторов, которые во многих случаях не являются профессиональными программистами.

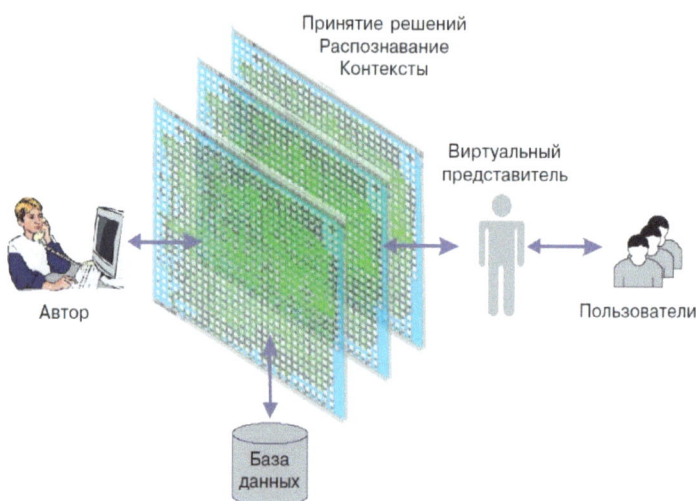

Рис. 2. *Виртуальный представитель*

Количество циркулирующих в Интернете бит информации сопоставимо с числовыми характеристиками физических объектов на микро- и макроуровнях. В физике при переходе от одного уровня представления к другому кардинально меняется аппарат исследования - статистическая термодинамика, механика, молекулярная физика, представляют собой принципиально различные, но в то же время хорошо согласованные разделы одной науки. В отличие от физики, в вычислительной технике в настоящее время еще не сложились общепринятые теоретические основания, в рамках которых конструктивно объединяются представления, методы анализа и моделирования, подобные соответствующим разделам физики. Классическая теория информации, заложенная Шенноном в 40-х годах и основанная на анализе последовательностей символов, поступающих из источников, данных в приемник, равно как и булева логика, имеющая дело с двоичными, точно заданными значениями, перестают работать в тех случаях, когда речь идет об информационных сообщениях, на много порядков превосходящих по своей мощности возможности приемника. В физике традиционно применяются феноменологические и аналитические методы, которые позволяют легко переходить от профессиональных теоретических моделей к упрощенным представлениям, доступным для широкой публики. Например, такие соотношения как зависимость между температурой t, давлением P и объемом V, в термодинамике, или понятия к.п.д., работа, мощность, энергетические потери, хорошо известные из школьной программы, с достаточной точностью и степенью взаимопонимания согласовывают представления потребителей, инженеров и ученых. Такое масштабирование теоретических и практических знаний является одним из необходимых условий для успешной интеграции научных исследований вместе с проектированием, производством и применением как энергетических, так и информационных машин и систем.

Можно считать, что идеи информационного усиления и нейронного программирования впервые были сформулированы в 1945 году, когда появились две работы, во многом предопределившие развитие вычислительной техники на несколько десятилетий вперед - отчет фон Неймана *First Draft of a Report on the EDVAC*" [20] и статья Вэннивера Буша в журнале *The Atlantic Monthly* - "*As We May Think*" [4]. Удачно взаимодополняя друг друга, формальные модели элементов и структур автоматических цифровых вычислительных устройств сочетаются в них вместе с эскизами и перспективой развития будущих систем. Функциональная схема ЭВМ фон Неймана и гипертекстовая модель знаний Буша появились в тот момент, когда абстрактные рассуждения о природе вычислений, логике мышления и познании начали находить практическое воплощение в виде реальных информационных систем. В это время завершается латентный этап в истории вычислительной техники и начинается последовательное развитие ее архитектурных направлений, которые на сегодняшний день можно условно разделить на три периода:

Вычислительный (расчеты и алгоритмы)	Логический (обработка символов и текстов)	Познавательный (накопление и обработка знаний)
1940	1970	2000

Математические расчеты и вычислительные алгоритмы в той или иной форме доминировали в теории и практике вычислительной техники вплоть до середины 70-х годов, когда актуальным становится логическое и функциональное программирование, предназначенное для обработки символьных и текстовых данных. В середине 90-х, с возникновением *Web*, на передний план выходят задачи обработки знаний - управление распределенными потоками сообщений, лингвистический анализ и синтез, распознавание образов, интеграция различных форм и способов общения (телефоны, радио и телевидение) вместе с компьютерами.

Соответственные изменения произошли за это время и в методах программирования - языки, ориентированные на обработку структурированных данных и потоков сообщений, например, *C++* и *Java*, существенно отличаются от первого поколения языков для числовых и алгоритмических вычислений, таких как *FORTRAN* и *ALGOL*. Главное отличие между ними заключается в степени интеграции программных элементов и объединении функций обработки вместе со структурами данных, что привело к появлению объектов - качественно новой категории в языках программирования.

Можно предположить, что развитие направления обработки знаний приведет к дальнейшей интеграции программных объектов вместе с другими, в первую очередь, внешними структурами данных и распределенными функциями, и как следствие, к появлению новых способов управления ансамблями разнородных систем. Результаты этой интеграции уже сейчас можно наблюдать в современных объектных базах данных, в системах программирования Агентов (*Agent Oriented Programming*) и, наконец, в наиболее широком виде, в динамических свойствах веб-страниц нового поколения. Концептуально можно предположить, что *Web 2.0* будет обладать значительно более широким спектром динамических свойств, программирование которых будет осуществляться с применением *Ajax, DHTML, XMLHTTP* и других аналогичных средств, способных организовать взаимодействие большого количества гетерогенных объектов, образующих сложные семантические сети. Биологические системы в этом смысле являются хорошим образцом для сравнения, поскольку они прекрасно приспособлены для взаимодействия с большим количеством сложных разнородных объектов во внешнем мире и в настоящее время в достаточной степени изучены, чтобы знания об их свойствах могли быть использованы при разработке новых методов программирования.

Можно считать, что в той или иной мере, все задачи обработки информации связаны с обработкой знаний. Применение эффективных методов накопления знаний является главной целью всех современных информационных технологий как в глобальном смысле, так и в локальных приложениях. Индивидуальные знания отдельных сотрудников в сочетании с корпоративными знаниями и данными образуют весомую составляющую системы ценностей в современном информационно-индустриальном мире. Так, например, уход или перемещение работника предприятия не должны сопровождаться потерей его индивидуального опыта, накопленного во время работы на определенном месте. Одним из путей решения этой проблемы является применение систем обучения (*E-learning*), способных воспринимать знания эксперта и передавать эти знания заинтересованным лицам. Такие системы являются традиционными в среде образования - в 2003 году объем их продаж составил более 2 миллиардов долларов, однако в последние годы они находят все более широкое применение в промышленности и сфере обслуживания. Динамические и семантические свойства *Web 2.0* могут позволить организовать процесс накопления и передачи знаний естественным эволюционным путем, сохраняя при этом привычную «человеческую» форму общения между экспертом и пользователями. Однако превращение данных в знания в такой же степени, как и превращение энергии в полезную работу потребует специальных механизмов в качестве которых мы и будем использовать нейронные модели.

УСИЛИТЕЛИ, НЕЙРОНЫ И ИНТЕРНЕТ

В статье *"As We May Think"* [4], рассуждая о последующих поколениях систем, которые смогут повысить эффективность исследовательской работы человека, Буш очень образно пишет о принципиально новых формах энциклопедий, которые будучи соединенными с персональным устройством - *memex*, смогут **усиливать** комплексы ассоциативно-связанных знаний и тех следов, которые в этих знаниях может оставить исследователь. Перефразируя Буша, можно сказать, что информационное усиление - это извлечение гипертекстовых данных из динамических распределенных сетей и их преобразование в процессе интерактивного взаимодействия с человеком. Буш был по-видимому первым, кто достаточно конкретно определил основные компоненты интеллектуального усилителя: ассоциативно-связанные динамические данные, персональное устройство-преобразователь, пользовательский интерфейс.

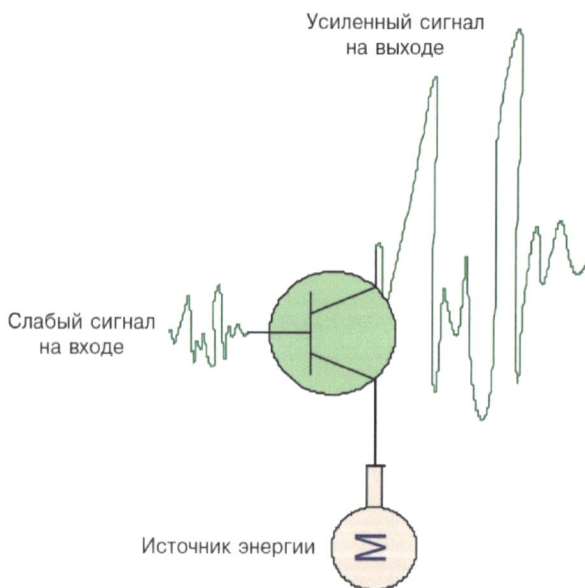

Рис. 3. *Усилитель электрических сигналов на транзисторе*

Для того чтобы лучше понять принцип работы информационного усилителя, рассмотрим, как происходит усиление в простейшем транзисторе. Если опустить технические детали, связанные с его внутренним устройством, транзистор является преобразователем, подсоединенным к источнику энергии, на управляющий вход которого поступает слабый сигнал, а на выходе получается сигнал, усиленный по мощности (рис. 3).

В самом начале своей статьи, Буш подчеркивает, что экономика - это фактор который превращает идеи в реальность. Ни талант Лейбница, который в 1673 году сумел создать вычислительную машину, близкую по своим характеристикам к современному арифмометру, ни все ресурсы фараона, обладай он при этом всеми знаниями о современных технологиях, не в состоянии превратить идею в практически работающий продукт, если при этом стоимость разработки и эксплуатации не будет находиться в пределах экономической целесообразности [4].

Понадобилось шесть десятилетий со времени появления работы Буша, для того чтобы информация наряду с энергией оказалась экономически доступным ресурсом для большей части человечества. И этот ресурс может быть практически свободно использован любым человеком на Земле через Интернет - огромную, динамичную и постоянно расширяющуюся инфраструктуру данных (рис. 4), которая впитывает, хранит и отражает практически все, что происходит в естественной природе или создается человеком. Большинство данных в Интернете первого поколения представлено в виде страниц, созданных так, как если бы они были предназначены исключительно для чтения человеком, хотя физически он в состоянии прочесть только очень малую часть того, что может быть получено из миллионов веб-серверов.

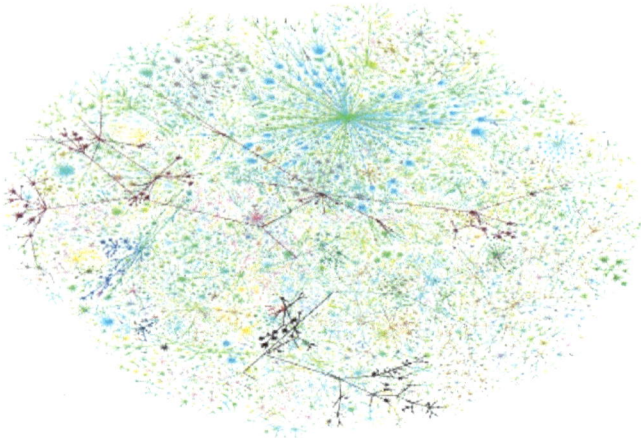

Рис. 4. *Картина Интернет на 1 января 2000 года*

За сравнительно короткий период, прошедший с момента появления первых статических страниц в формате *HTML*, Веб стремительно эволюционировал в направлении повышения функциональности страниц и расширения способов их передачи. Дж. Мартин подметил, что когда в нашем мире появляются принципиально новые технологические достижения, некоторое время они продолжают использовать старое содержание [17]. Например, в телевидении достаточно долгое время, начиная с момента его появления, большую часть новостей заполняли читающие текст дикторы, а телевизионное изображение было лишь фоном для аудиосообщений. Так же и в первом поколении Интернет, используются страницы, которые фактически дублируют печатную продукцию. Однако уже сегодня произошла практическая интеграция всех основных способов передачи данных, и у разработчиков появилась возможность применять как комбинации различных устройств (компьютеры, телефоны, радио и телевидение), так и новые функционально-активные объекты, вместо пассивных страниц текста, для организации общения с человеком.

20

Рис. 5. *Статический, динамический и интерактивный Веб*

Гипертекстовые ссылки внутри страниц, которые первоначально образовывали статические сети, интенсивно развиваются, трансформируясь в динамические образования, в которых они интегрируются вместе со сложными структурами хранимых данных (рис. 5). Страницы превращаются в активные системы, которые в свою очередь, объединяются в кластеры, которые могут порождать новые структуры, и так далее, что удивительно напоминает поведение биологических или физических групп взаимодействующих объектов и вполне соответствует представлениям Буша о следах, которые человек может оставлять в системах знаний.

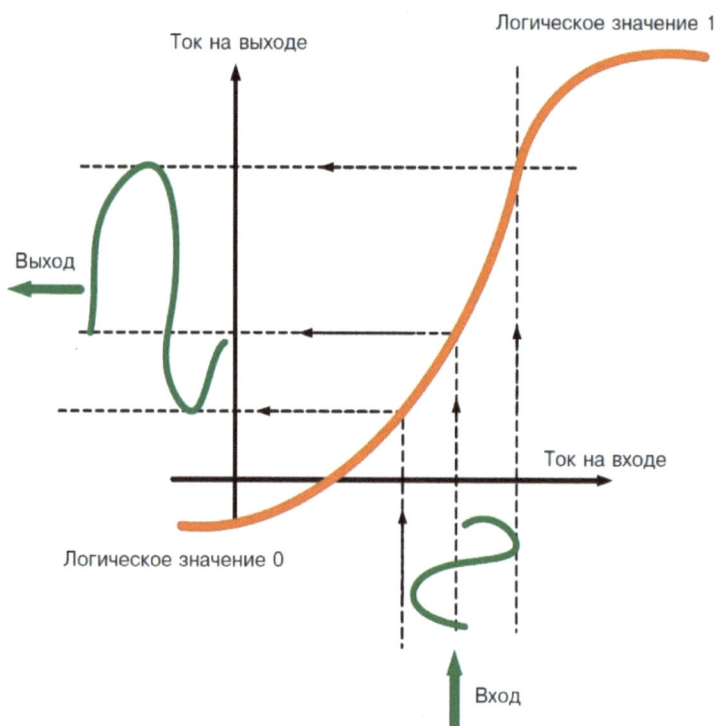

Рис. 6. *Вольтамперная характеристика транзистора*

В своем отчете по структуре ЭВМ фон Нейман использует нейрон в качестве прототипа для базовых вычислительных элементов автоматической цифровой вычислительной системы и модель биологической нервной системы лежит в основе его более общих рассуждений о вычислительных структурах. Поскольку проблема, которую решали разработчики ЭВМ, в то время имела исключительно вычислительный характер, фон Нейман рассматривает в первую очередь арифметические свойства нейрона и использует его как цифровой двоичный элемент, который может выполнять базовые математические функции.

Появившиеся в 1948 году транзисторы, обладающие двумя устойчивыми состояниями (рис. 6), оказались вполне удачным решением для представления двоичных данных, и аналогии между транзистором и нейроном, как двоичными устройствами, надолго закрепились в теории и практике вычислительной техники. В это же время в других направлениях электроники широко используется свойство транзисторов по преобразованию сигнала в зоне переходного процесса между устойчивыми состояниями. Такое преобразование в транзисторах всегда носит приблизительный характер и обладает искажениями, которые могут быть в определенной степени скомпенсированы при помощи различных дополнительных элементов. Дуализм транзистора, в котором дискретность сочетается с непрерывностью, является хорошим примером комбинации точных и приблизительных (*fuzzy*) свойств в одном устройстве. Нейрон вполне соответствует этой аналогии, соединяя в себе определенную устойчивость вместе с промежуточными приблизительными состояниями, которые он может сохранять в зависимости от характера возбуждения и своего функционального назначения.

Если допустить, что информационный усилитель (рис. 7) имеет структуру, в общем виде похожую на структуру усилителя электрических сигналов, тогда в качестве универсального источника информации в такой схеме может быть использован Интернет, входные и выходные сигналы могут быть представлены посредством аудио и текстовых сообщений устной или письменной речи, а преобразователь может быть реализован в виде некоторой виртуальной машины - *Neural Virtual Machine* (**NVM**), которая может быть загружена в персональную ЭВМ или иное устройство, аналогично *Java Virtual Machine* (**JVM**). Такой информационный усилитель может быть встроен в самые разнообразные системы. Можно предположить, что уже в недалеком будущем успехи нано-технологии позволят иметь сенсорные устройства, встроенные непосредственно в человеческий организм, и в этом случае форма общения будет отличаться от речевой. Именно поэтому мы надеемся, что нейронные модели являются тем самым адаптивным механизмом, способным к естественной интеграции с будущими симбиозными человеко-машинными системами.

Усиленная информация

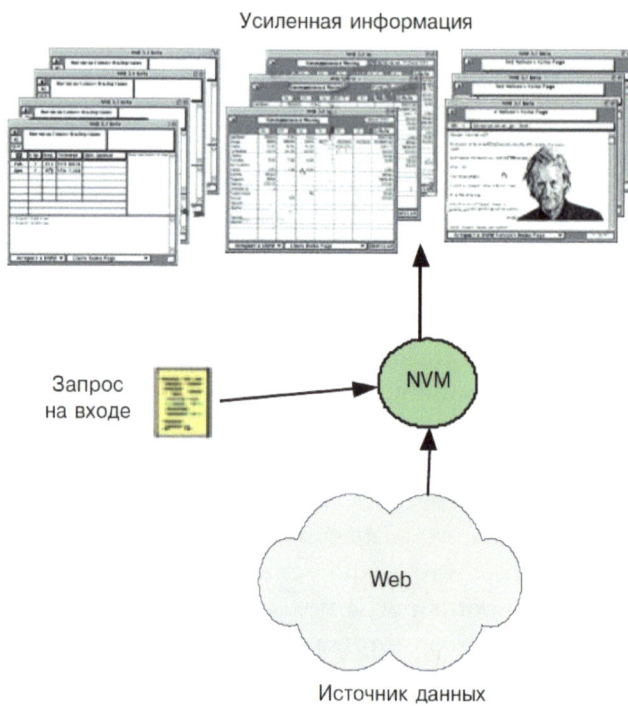

Запрос
на входе

NVM

Web

Источник данных

Рис. 7. *Информационный усилитель*

ПРОГРАММИРОВАНИЕ РЕАКЦИЙ

Продолжая поиск аналогий, которые могут помочь нам в проектировании такого усилителя, обратимся к работе И. М. Сеченова *«Рефлексы головного мозга»* [37]. Анализируя его поведение, Сеченов рассматривает мозг как «черный ящик», который в конечном итоге, реагируя на возбуждения чувствующих нервов, все свои внешние проявления сводит к мышечному движению. Попробуем представить информационное устройство в окружении программных модулей, каждый из которых может быть вызван к исполнению в результате возбуждения связанного с ним нервного окончания. Тогда все внешние проявления внутренних процессов этого устройства могут быть сведены к вызову и запуску соответствующих программных модулей. Такой вызов может произойти в тот момент, когда уровень возбуждения, связанного с этим модулем нейрона в выходном слое информационного устройства, превысит некоторое пороговое значение.

Если допустить, что с распределенными в интернет-сети программами может быть ассоциирован уникальный адрес и своя интерпретирующая среда, тогда их выполнение сводится к посылке запроса (например, *HTTP*) из одной распределенной системы в другую (рис. 8). В этом случае результатом работы нейронного слоя будет являться исполнение множества асинхронных параллельных процессов, каждый из которых может возвращать данные обратно в исходную систему. Такой способ вызова программных модулей позволяет существенно упростить реализацию интерфейсов и свести задачу к ответу на вопрос: каким образом усиление и торможение сигналов может привести к адекватному реагированию в тех случаях, когда с этими сигналами ассоциированы слова и смысловые значения?

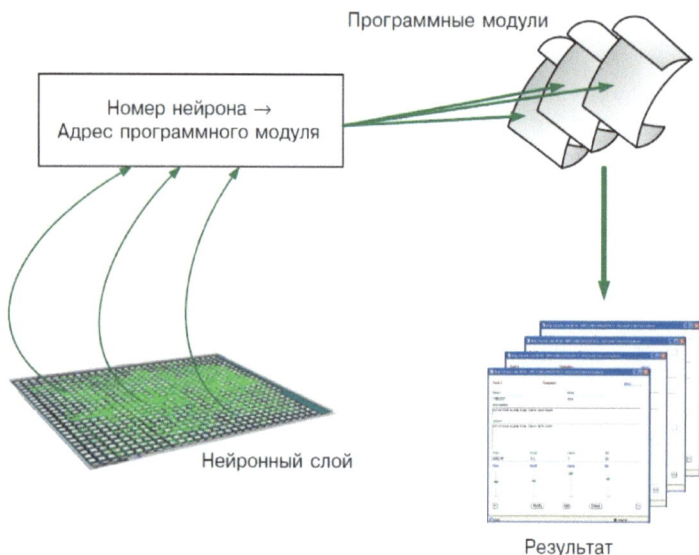

Рис. 8. *Вызов и выполнение программных модулей в нейронной среде*

В физиологии разделение всех реакций на безусловные и условные связано с практической невозможностью проследить все логические цепочки последовательных действий, которые в конечном счете вызывают соответствующие мускульные сокращения. Такое разделение, на первый взгляд, не имеет принципиального значения в программировании, где все потоки действий обладают определенным детерминизмом, что позволяет быть уверенными в результатах и оценках точности решения в каждом отдельно взятом случае. Ситуация меняется существенным образом, когда речь идет о сотнях миллионов компьютеров, распределенных в сети Интернет. В этом случае программист попадает в ситуацию, аналогичную для физиолога и физика, когда переход от одного уровня представления к другому предполагает применение иного способа восприятия и исследования - точные знания о коде и предсказании его поведения, не имеют смысла в системах, где изменения самих кодов и данных происходят в таких масштабах и с такими скоростями, что мы не можем получить детерминированную картину всех их состояний.

Уже упоминавшаяся выше система *HyperCard* была включена компанией *Apple* в состав операционной системы *Mac OS* еще в 1987 году, задолго до появления *DHTML*. Его автор - Билл Аткинсон, один из ведущих программистов в *Apple*, построил интегрированную систему, которая в самое короткое время сумела увлечь миллионы пользователей к процессу, который сегодня называется *Web*-программирование. Основу *HyperCard* составляет рабочее поле, которое называется карта. На поверхности карты можно создавать как вручную, так и динамически, предопределенные объекты - кнопки, текстовые поля и изображения. С каждым объектом может быть связан интерпретируемый код - скрипт. Исполнения скриптов осуществляются через простой механизм управления событиями. Карты объединяются в группы, группы объединяются в наборы. *HyperCard* работает в режиме непосредственной интерпретации и имеет очень своеобразную и легкую систему идентификации и адресации объектов. Концепция n-мерного программируемого пространства в *HyperCard* является весьма привлекательной по причине удобства и простоты доступа и исполнения скриптов. Мы будем использовать в качестве прототипа исполнительной среды терминологию и архитектуру, близкую к *HyperCard*, поскольку в современном *DHTML* существуют практически все необходимые инструменты для создания его аналога. Погружение нейронной виртуальной машины в такую исполнительную среду можно сравнить с подключением нервной системы к мускулатуре и органам чувств (рис. 9).

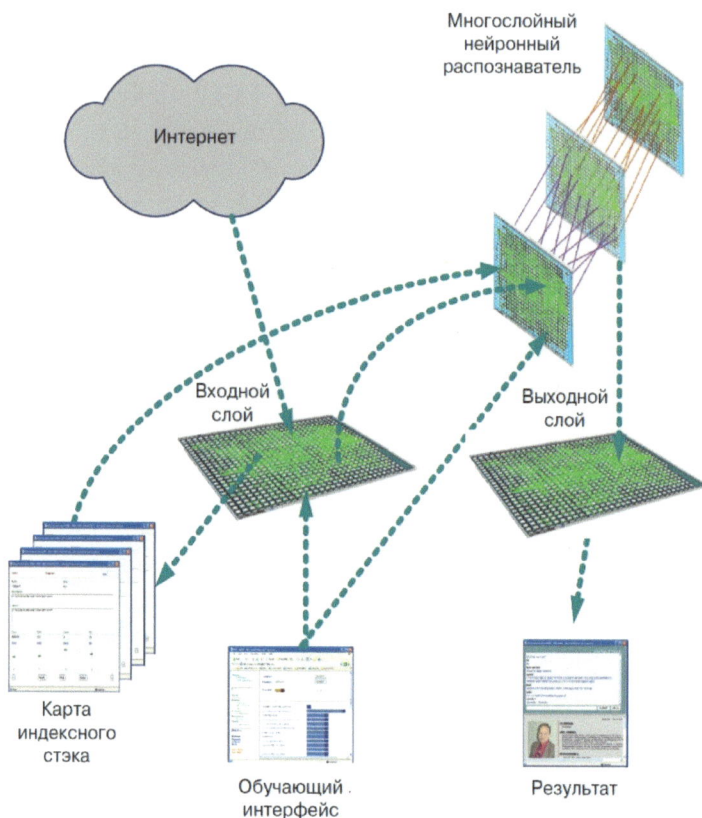

Рис. 9. *Взаимодействие между слоями нейронного ядра, Интернет и интерфейсными картами*

Нейронное программирование по сути представляет собой процесс, который сводится к созданию объектов, установлению между ними ссылок-отношений и определению динамических правил их поведения по передаче возбуждений и исполнении реакций. В случаях, когда количество узлов не велико, построение нейронных моделей является тривиальной задачей. Затруднения начинаются тогда, когда возникает необходимость связать большое количество нейронов через большое число слоев с внешним механизмом, в составе которого может быть много исполнительных функций. Масштаб задачи определяет технологию ее решения, и в программировании используются различные методы анализа и синтеза сложных систем, предшествующие процессу кодирования. Эти методы можно подразделить на три большие группы: блок-схемы и диаграммы потоков данных и управлений, таблицы принятия решений и структурно-функциональные схемы. Применение предварительных методов анализа и спецификации позволяет значительно повысить производительность всего процесса программирования, в первую очередь, за счет специализации и распределения работ по проектированию наиболее оптимальным образом. Работы по структурно-функциональному моделированию, основанные на декомпозиции и определении функциональных свойств модулей, такие, например, как метод *HIPO*, разработанный в 70х годах фирмой *IBM* [24], заложили основу для построения визуальных моделей достаточно сложных систем. Весь процесс программирования в этом случае можно представить в виде следующей последовательности шагов:

Технология проектирования диалогов и их лингвистического содержания может быть сведена к традиционным методам проектирования программного обеспечения. На первом этапе, формируется лингвистическая модель, которая затем кодируется в виде нейронных структур. Нейронные структуры обучаются и корректируются в процессе общения с экспертом, однако в отличие от традиционных программ, они продолжают обучаться и развиваться на протяжении всего периода жизни, даже после внедрения их в эксплуатацию.

СРЕДА НЕЙРОННОГО ПРОГРАММИРОВАНИЯ

Для создания и поддержания нейронных моделей нам понадобится исполнительная среда, в которой будут происходить интерпретации, структурно-функциональные модификации, а также выполнение связанных с этими моделями подпрограмм-реакций. На рис. 10 приведен пример одной из возможных конфигураций такой среды, объединяющей систему распознавания речи, динамическую библиотеку программных модулей, базу данных и функциональные компоненты.

Термин среда программирования (*programming environment*) в нашем случае определяет языки программирования, протоколы, технологии и инструменты. Нейронная среда, которую мы будем использовать при разработке различных приложений, включает в себя:

- *интерфейсы к различным каналам ввода/вывода, по которым могут поступать речевые и текстовые сообщения;*
- *нейронное ядро (Core), в котором можно создавать искусственные нейроны вместе со связями (нервами), способными передавать возбуждения;*
- *база данных вместе с ODBC интерфейсом;*
- *карты - объекты представления данных в виде динамических страниц;*
- *скрипты - аналоги внешних реакций;*
- *языковые оболочки Java и JavaScript;*
- *XML-грамматики (динамические и статические);*
- *интегратор - подсистема, способная исполнять динамические коды.*

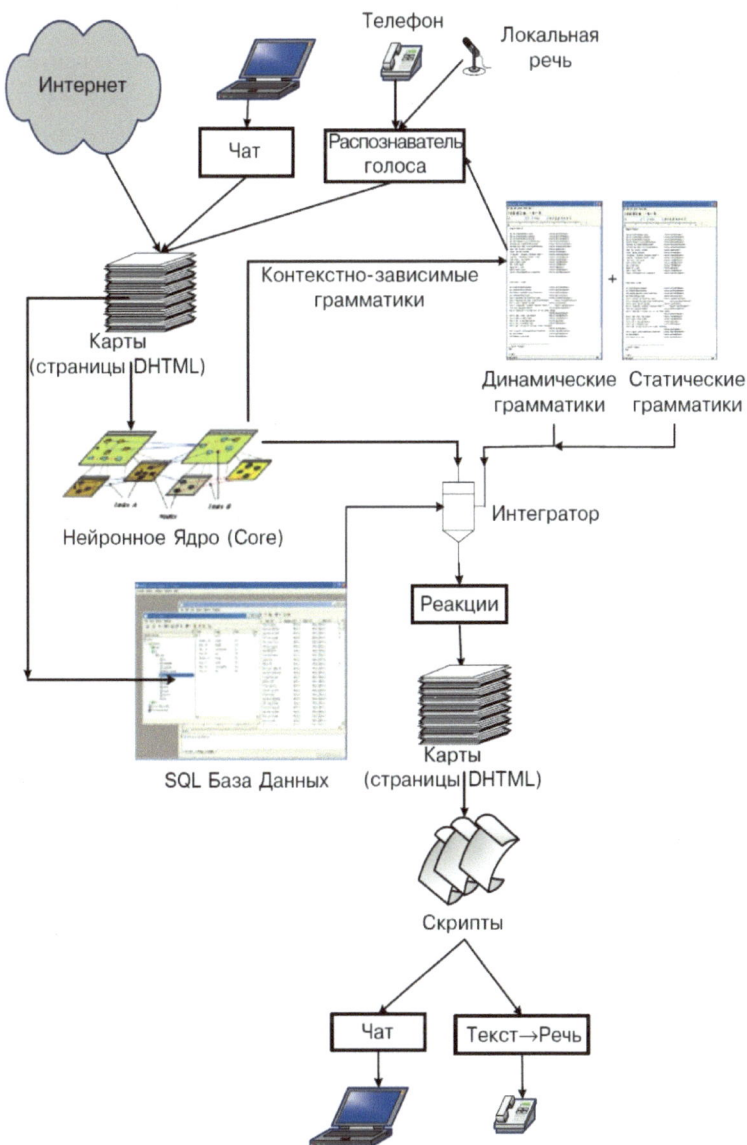

Рис. 10. *Среда нейронного программирования*

Практически все компоненты этой среды свободно доступны в Интернет и могут быть использованы при построении приложений на базе разных платформ - *Microsoft Windows*, *Unix* или *Mac OS*. Некоторые из них, такие, например, как *Microsoft Agent* или *Microsoft Speech Application SDK* для распознавания и синтеза речи, зависят от операционной системы, и их применение возможно только под управлением *Microsoft Windows*. Технология Агентов, разработанная в Микрософт, позволяет использовать еще одну координату в структуре страниц. Агенты, существующие как бы вне плоскости документа (рис. 11), могут представлять автора и выполнять роль виртуального помощника для посетителей Веб-сайта.

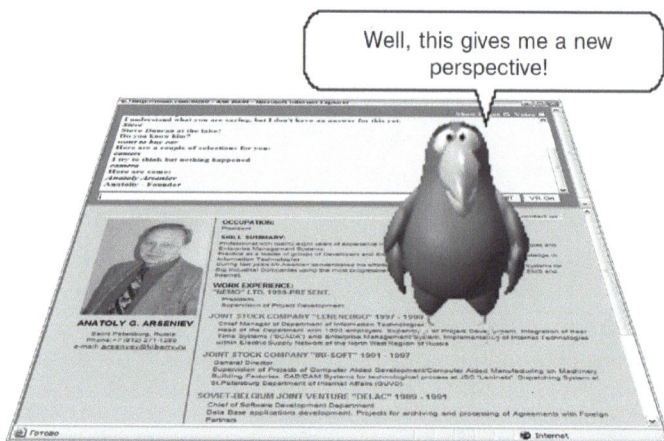

Рис. 11. *Трехмерный дизайн с использованием Microsoft Agent* (*http://www.microsoft.com/msagent*)

В отличие от индивидуальных систем связи, в основе которых лежат коммутации типа «точка-точка», персональные усилители способны одновременно соединяться со многими источниками данных, выделять из них определенную информацию и предоставлять ее пользователю в наиболее удобной форме. Такое решение является симметричным по отношению к виртуальным представителям в диспетчерских центрах (рис. 2) и может быть построено с применением все тех же базовых программных компонент. В этом случае виртуальный агент может выполнять роль индивидуального секретаря, динамически обучаясь и настраиваясь под знания конкретного пользователя и контекст его персонального компьютера.

32

В прикладном программировании широко применяются два способа разработки приложений - при помощи специализированных систем-оболочек и пакетов подпрограмм. В тех или иных вариациях на их основе разработано большинство современного прикладного программного обеспечения. В качестве примера интегрированной системы-оболочки можно назвать *Excel* - одно из наиболее удачных решений в истории программирования. В *Excel* специализированная система табличных вычислений интегрируется с пакетами подпрограмм разного уровня, что делает его практически идеальной прикладной средой, способной решать необычайно широкий класс задач. В *Excel* можно выделить несколько последовательно усложняющихся уровней прикладного программирования:

- *создание рабочих таблиц;*
- *добавление и модификация данных;*
- *добавление и модификация формул;*
- *добавление и модификация макрокоманд Visual Basic;*
- *интеграция с другими системами через ODBC, XML, OLE и т. п.;*
- *интеграция с другими системами через DLL → C, C++ и т. п.*

Если использовать аналогичную организацию уровней прикладного программирования в нейронном моделировании, их иерархия может выглядеть следующим образом:

- *создание и обучение нейронных слоев;*
- *программирование реакций на возбуждения, поступающие извне;*
- *добавление нейронов и модификация их связей;*
- *добавление и модификация макрокоманд Visual Basic или JavaScript;*
- *интеграция с другими системами через ODBC и XML;*
- *интеграция с другими системами через Java, DLL → C, C++ и т. п.*

ВЗАИМОДЕЙСТВУЮЩИЕ СИСТЕМЫ

Рассмотрим работу двух приложений - калькулятора и поисковой системы (рис. 12). И в первом и во втором случае, при нажатии одной из кнопок на панели управления первоначальный запрос, в виде цепочки символов, поступает на вход соответствующей программы, в результате чего порождаются множества процессов, связанных с исполнением детерминированных дискретных последовательностей команд. Наш практический опыт дает нам основание предполагать, что для всех одинаковых входных цепочек, поступающих на вход различных калькуляторов, независимо от времени и места, результат должен повторяться. В случае с поисковыми системами, все происходит с точностью до наоборот - мы ожидаем, что одна и та же входная цепочка символов на входе будет скорее всего приносить нам различные результаты в различных поисковых системах и в разное время.

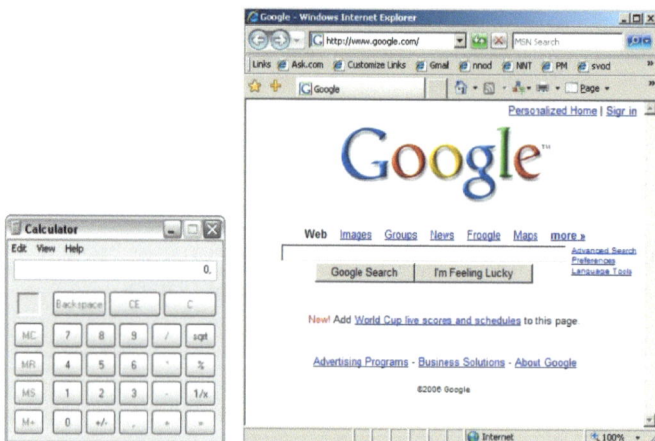

Рис. 12. *Алгоритмический калькулятор и неалгоритмическая поисковая система*

И калькулятор, и поисковая система являются программами и, как любые программы, они состоят из точно заданных инструкций, которые как известно, должны всегда приводить к одинаковому результату при одинаковых исходных данных.

Очевидно, что в случае поисковой системы новый результат получается каждый раз в результате изменений данных, которые в процессе исполнения длинной последовательности команд поступили на вход одного из программных модулей. Если бы мы захотели, используя, например, методы системного программирования при анализе дампов, мы могли бы, проследив все последовательности команд и событий, точно определить - где произошло это изменение. Однако значительно больше пользы нам может принести ответ на вопрос: существуют ли теоретические основания для различий в этих двух системах, и если да, можно ли построить более эффективную технологию и среду программирования для решения задач обработки данных в Интернет, учитывающую эти различия.

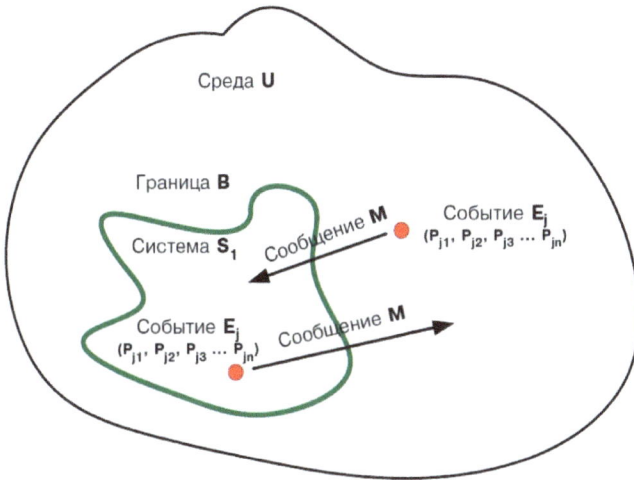

Рис. 13. *Взаимодействие системы и среды*

Предположим, что среда U - это все доступные для восприятия и анализа объекты, процессы и события в окружающем нас мире, а система S - часть среды, заключенная внутри некоторой границы B (рис. 13). Человек, компьютер или организация являются примерами систем. Любая комбинация систем в свою очередь также может рассматриваться как система.

В среде U и внутри системы S, могут происходить события Е, которые определяются наборами параметров P. Пусть E -

множество, элементы которого мы будем называть событиями. Для каждого события e из E мы поставим в соответствие действительное число P. События - это очень упрощенное представление об изменениях, происходящих в реальном мире.

Мы будем предполагать, что любое изменение состояния среды или системы является результатом какого-нибудь события. Восприятие этих изменений в свою очередь, тоже является результатом событий. Так, например, зрительное восприятие есть возбуждение нейронов глазного дна или фоточувствительных элементов приемника, в результате отражения света от предмета, освещенного каким-либо источником; звуковые волны, передающие речь, которую мы можем слышать, являются результатом сокращения определенной группы мышц, в результате той или иной реакции человека на раздражение; электронные сообщения инициируются программой, запущенной в результате срабатывания механизма прерываний и т. д.

Для программистов, знакомых с Ассемблером и аппаратными архитектурами, системы обработки прерываний могут служить хорошим примером событийного программирования - в них данные поступают на обработку только после получения соответствующего прерывания (например, IRQ) об их готовности.

Любая система в реальном мире пронизана безмерным количеством всевозможных волновых и корпускулярных потоков излучений, которые постоянно проникают через ее границы и несут в себе огромное количество информации. Человек способен использовать только очень малую часть сообщений, которые могут быть выделены из этих потоков. Если бы мы могли, выделив из всех проходящих через наше тело потоков сигналов, физиологически ощутить, как обычные звуковые и зрительные образы все телевизионные и радио каналы - наш мозг скорее всего переполнился и отказал в течение очень короткого времени. Учитывая ограниченные возможности мозга, наша способность улавливать только узкий диапазон электромагнитных волн является жизненно важным ограничением для человека, однако это же ограничение не позволяет нам без специальных устройств эффективно выделять полезную информацию из всех, окружающих нас потоков данных. Если в результате взаимодействия между системой и средой произошло изменение их состояния, мы будем называть такое взаимодействие - сообщением M. Если изменение состояния системы S, в результате получения сообщения M, может быть измерено, мы будем называть такое взаимодействие информационным. Под информацией I мы будем понимать определенным способом нормированную меру различия Δ между состояниями системы S до получения сообщения, и после S'.

$$I = k * \Delta = S - S'$$

Возможность измерять информацию является принципиальным свойством, позволяющим анализировать взаимодействия систем, и в некоторых случаях такое измерение может быть проведено в соответствии с определением информации, сформулированным Клодом Шенноном в работе *"A Mathematical Theory of Communication"* [22]. Шеннон рассматривает модель коммуникационной системы, состоящей из пяти компонент: *Источник информации*, *Передатчик*, *Канал*, *Приемник* и *Получатель* (рис. 14).

Рис. 14. *Схема коммуникационной системы по Шеннону*

Для того чтобы эту схему применить к современным информационным системам, нам понадобится внести в нее некоторые дополнения. Предположим, что *Источник информации* - это набор страниц, размещенных на каком-либо сайте, *Передатчик* - это Веб-сервер, а *Приемник* - персональный компьютер (рис. 15). В этой схеме используются все те же основные элементы коммуникационной системы Шеннона, только их количество увеличивается и, что является наиболее существенным, значительно увеличивается объем передаваемой информации.

Рис. 15. *Схема взаимодействия в Интернет*

Рассмотрим в качестве примера запрос в систему *Google* на поиск документов, в которых встречается комбинация слов - *"information and energy"*. В результате мы получим список из ссылок на более чем 27 миллионов страниц! Если предположить, что искомая информация, которая представляет собой ответ на индивидуальный запрос, может содержаться в любой из этих страниц и считать, что объем средней страницы в Интернет составляет порядка 20 Кбайт, то суммарная длина L сообщения

M, которое все серверы готовы передать в канал для последующей обработки в персональный компьютер будет:

$$L(M) = 2 \cdot 10^4 \cdot 2,7 \cdot 10^{10} \approx 5 \cdot 10^{14} \text{ Байт}$$

При скорости приемника 100 Мбит/сек понадобится больше года для того, чтобы один персональный компьютер сумел получить все страницы. Если, однако увеличить скорость передачи на порядок и использовать при получении этого потока не один, а 100 процессоров, время, необходимое для того, чтобы получить это сообщение, может быть сокращено до вполне приемлемого, однако совершенно очевидно, что человек при этом будет не в состоянии прочитать 27 миллионов страниц, с какой бы скоростью они не поступали на его письменный стол.

Шеннон рассматривал каналы с шумами, в которых элементом данных является символ, что можно сравнить с потоками индивидуальных молекул, перетекающих из одного сосуда в другой под действием некоторой силы. Такая модель позволяет совершенно точно определить физические характеристики каждой отдельной молекулы, но ничего не говорит о состоянии всего сосуда в целом. Для того чтобы говорить о температуре, необходимо перейти от молекул к объемам газа. Также и символьная теория информации - позволяет нам точно оценить передаваемые потоки данных на элементарном уровне, но не дает качественной картины в целом о сообщениях, состоящих из множества страниц.

Оптимальное соответствие между физиологическими ограничениями головного мозга и характеристиками выходных интерфейсов к информационным устройствам, предназначенным для индивидуальной фильтрации данных, может быть основано на скорости чтения, которая у людей колеблется от двухсот до пятисот слов в минуту, что соответствует примерно одной странице текста стандартного документа или приблизительно трем тысячам символов в минуту. Можно предположить, что информативность документов должна быть основана на иных критериях, и в первую очередь, она должна учитывать индивидуальные особенности получателя. Количество информации, содержащейся в документе в целом, и количество информации, содержащейся в символах этого документа, могут не совпадать и более того, обязательно будут отличаться для двух различных получателей.

Попробуем представить себе некий информационный измеритель, который может давать нам приближенные качественные характеристики состояний, подобных температуре физической системы. Такой гипотетический прибор мог бы ответить на вопрос, есть ли смысл человеку читать очередную страницу из списка, предоставленного поисковым сервисом и, в более общей форме, какие именно из всего множества страниц имеет смысл прочитать. Ответ на такой вопрос возможен, если мы сумеем ввести некоторую меру, которая позволит сравнивать индивидуальное человеческое и машинное представления об информации, содержащейся в сообщениях.

Согласование различных способов представлений в программировании является весьма деликатной задачей еще и по причине того, что круг пользователей, с которыми программистам приходится непосредственно соприкасаться при создании систем, необыкновенно широк. Терминология и определения могут принципиально отличаться даже в том случае, если речь идет об очень фундаментальных понятиях. Например, если в американском армейском терминологическом словаре сказано: *«Информация есть факты, данные или инструкции, записанные в любой форме и на любых носителях»*, - а большинство математиков, в свою очередь, считают, что *Информация есть мера снятой неопределенности об объекте»*, то для программиста бессмысленно спорить и выяснять, кто прав - армейский устав или математическая теория коммуникаций. Важнее, следуя известному анекдоту, согласившись и с первым и со вторым определениями, выработать точку зрения, которая приведет к наиболее эффективному программному решению. По этой причине, в дальнейшем мы будем использовать некоторые компромиссные представления о понятиях и критериях, которые не всегда будут совпадать с традиционными для различных научных дисциплин.

Среди работ, лежащих в основе теоретических представлений об информации, необходимо особо выделить труды академика А. А. Колмогорова. В статье *«Три подхода к определению понятия "Количество информации"»* Колмогоров использует теорию алгоритмов применительно к определению *«количества информации в чем-либо (x) о чем-либо (y)»* [34]. Колмогоров предлагает оценивать сложность, а стало быть и информативность, объектов через минимальную длину программы, необходимой для получения у из х. Основываясь на этом подходе, можно понять причины проблем, возникших сегодня перед разработчиками поисковых систем, и затем найти пути их решения.

Действительно, современные поисковые системы достигли впечатляющих результатов в классификации *Web*-страниц. Однако, чем глубже и точнее проводится классификация информационного пространства, тем сложнее (а стало быть и длиннее) должен выглядеть запрос, в результате которого, пользователь может получить интересующие его данные.

Так, если поисковая система сумеет разделить страницы в Интернет на подмножества, которые соответствуют определенным критериям классификации (A, B, C, D, E, ...), то для того чтобы найти интересующие его страницы, пользователь должен знать список этих подмножеств и использовать его в явной или неявной форме при формулировке поискового запроса. Как правило, интересующие нас страницы находятся на пересечении нескольких подмножеств, и логика запроса должна будет это отражать (рис. 16).

В явной форме запрос на поиск может выглядеть следующим образом:

*SELECT * FROM Pages WHERE $A = x$ AND $B = y$ OR $C = z$ OR...*

и в неявном виде:

Меня интересует машина, цвет - красный, производитель - Форд, ...

В результате, поисковая система должна будет вернуть список страниц, в которых могут содержаться интересующие данные. В примере, приведенном на рис. 16, это могут быть страницы: 1,3,4. Поскольку практически никогда не известен список всех критериев, которые может использовать поисковая система, пользователю приходится применять интуитивные формы запроса, приводящие к результатам, в которых могут содержаться миллионы страниц.

Очевидно, что количество страниц в Интернет будет продолжать непрерывно возрастать так же, как и поисковые системы будут развивать методы классификации. Решение проблемы формулировки поискового запроса может быть получено при помощи «интерактивного поиска».

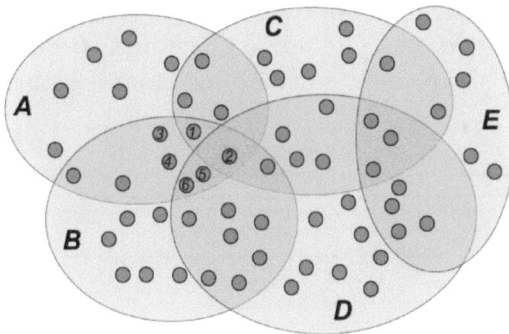

Рис. 16. *Классификация страниц в Интернет*

Будем исходить из того, что поиск нужной страницы может быть достигнут в результате запроса с минимальной длиной L, где L является Колмогоровской длиной. Тогда, в случае если пользователь знает все необходимые критерии, этот запрос может быть сформулирован и передан в поисковый сервер в явной форме. Если же пользователь не знает всех критериев, то поисковая система должна задать ему достаточное количество уточняющих вопросов, и это количество будет определяться минимальной длиной L.

В приведенном выше примере сервер должен задать такие вопросы, как - *цвет, какая цена, модель,* и т. п. Колмогоровская длина служит при этом одним из главных критериев эффективности диалога, а задача проектировщика заключается в построении системы, способной за минимальное количество вопросов предоставить пользователю приемлемый ответ.

ИНТЕРПРЕТАЦИИ И ИЗМЕРЕНИЯ

Мы будем рассматривать измерения в информационных системах, во многом опираясь на физические и, в первую очередь, релятивистские представления о таких понятиях, как мера и наблюдатель. Интуиция подсказывает нам, что индивидуальность восприятия - это естественное свойство человека, которое может быть присуще также и другим системам. В компьютерах способность к различным интерпретациям одних и тех же данных была изначально заложена в структуре, получившей название - архитектура фон Неймана.

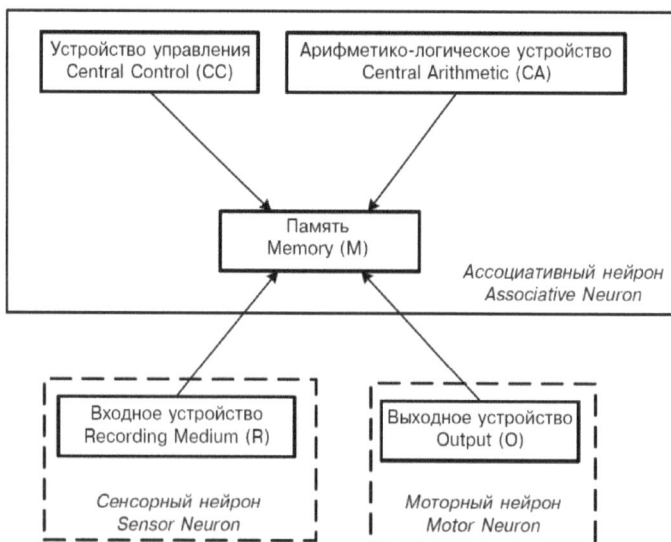

Рис. 17. *Архитектура фон Неймана*

В архитектуре фон Неймана (рис. 17) *арифметико-логическое устройство*, *устройства управления* и *ввода-вывода* обмениваются данными через память, записывая и считывая из нее двоичные последовательности. Интерпретация этих последовательностей может существенно отличаться в зависимости от устройства: *арифметико-логическое устройство* работает с числовыми или символьными представлениями данных, *устройство управления* - с командами, *устройства ввода-вывода* интерпретируют данные в зависимости от формы их представления на внешних носителях. Один и тот же байт может интерпретироваться как код операции, двоичное число, буква алфавита или яркость световой точки. Можно предположить, что зависимость интерпретации от наблюдателя или, в более общем виде, от системы, сохраняется при переходе от микроуровня - при работе с байтами и символами, к макроуровню - при работе с документами и иными образами сложных объектов.

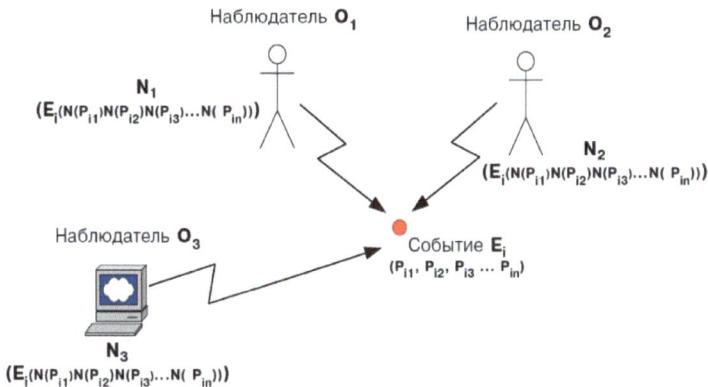

Рис. *18.* *Различные вероятностные представления одного и того же события*

Как уже отмечалось выше, мы будем рассматриваем только такие сообщения, которые приводят к изменению состояния системы. Введем ряд дополнительных ограничений и уточним, что мы понимаем под изменением состояния системы. Пусть с каждым событием E внутри системы S, связано множество элементов N, каждый из которых может принимать некоторое числовое значение в диапазоне от *–1* до *+1*. В дальнейшем мы будем интерпретировать это множество различным образом, но одна из интерпретаций - вероятность, может быть использована для введения информационной меры.

Предположим, что существуют несколько наблюдателей O, каждый из которых может находиться как вне, так и внутри системы S и иметь свои индивидуальные представления о событиях E (рис. 18). Допустим, что одним из таких представлений наблюдателя о событиях является вероятностная характеристика параметров этих событий, которая может быть задана в виде некоторого подмножества N. Мы допускаем, что два различных наблюдателя могут иметь различные вероятностные представления об одном и том же событии E и что одно и тоже сообщение может приводить к различным изменениям этих вероятностей. Назовем такое свойство - информационным релятивизмом по аналогии с физическим [8].

Пусть каждый из наблюдателей получит последовательность сообщений М, которые изменят их вероятностные представления о некотором событии. Изменение этих вероятностей во времени может, например, выглядеть как это показано на рис. 19.

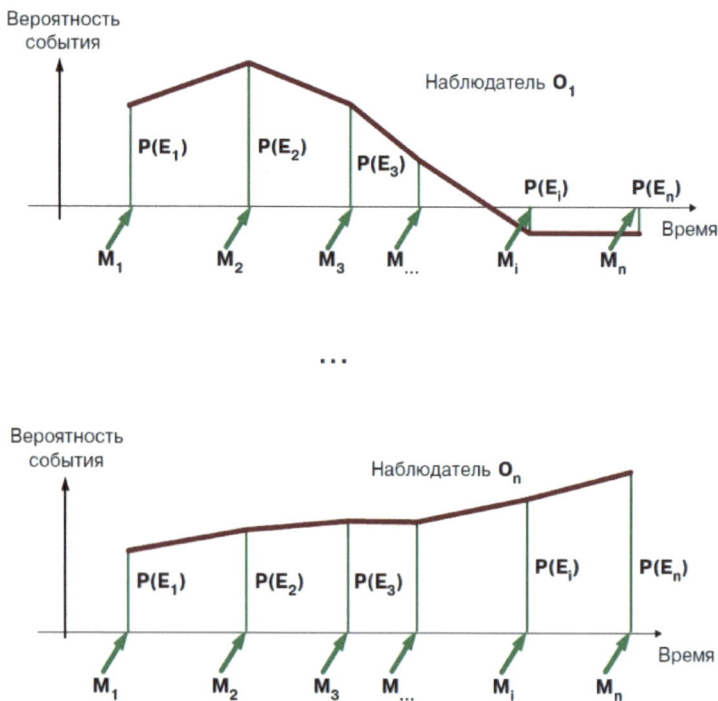

...

Рис. 19. *Изменение во времени представления о вероятностях событий у независимых наблюдателей*

46

Допустим, что существует некоторое эталонное представление о вероятности данного события (рис. 20). Тогда мы можем ввести понятие близости восприятия для наблюдателей, которое в общем виде может быть представлено в каждый момент времени как расстояние между эталонной функцией $E(t)$ и функцией наблюдателя $F_i(t)$:

$$D_i = E(t) - F_i(t)$$

Возможность аналитического сопоставления различных пользовательских представлений играет необычайно важную роль в задачах электронной коммерции в Интернет. В качестве примера рассмотрим технологию покупки автомобиля в виртуальном и реальном дилерстве. В США в 2004 году насчитывалось более 20 тысяч агентств по продаже автомобилей, в которых работает свыше 200 тысяч торговых представителей. Средняя заработная плата торгового представителя составляет примерно $40,000 в год. В качестве небольшого отступления, можно заметить, что эти три цифры лежат в основе экономической мотивации всех тенденций в электронной торговле.

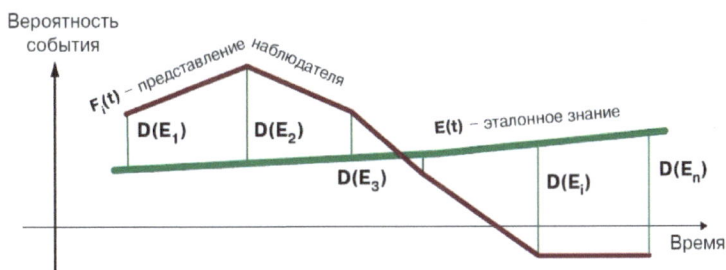

Рис. 20. *Близость восприятия индивидуального наблюдателя к эталонному знанию*

Виртуальные представители могут привести к существенной экономии, если они смогут выполнить часть функций, традиционно закрепленных за человеком. Эта тенденция привела к тому, что сегодня большинство агентств имеют

47

вебсайты (рис. 21), в которых покупатели могут просматривать базы данных, содержащие списки автомашин с полными характеристиками, включая фотографии, цены, возможности кредитования, технические и эксплуатационные спецификации и т. д.

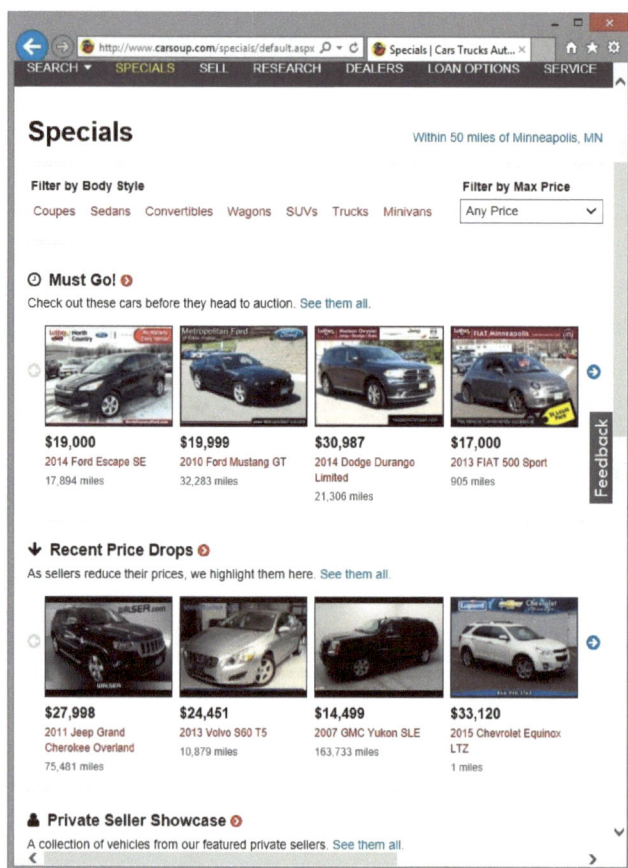

Рис. 21. *Пример страницы с базой данных одного из агентств по продаже автомобилей в Интернете*

В базе данных конкретного агентства может содержаться от нескольких сотен до нескольких тысяч автомашин. Используя традиционные методы просмотра и затрачивая в среднем одну минуту на запрос, человек в состоянии оценить не более 20–50 автомашин за одно посещение сайта. Преимущество от визита в реальное дилерство по сравнению с самостоятельным выбором в Интернете заключается в первую очередь в сокращении траектории поиска и упрощении принятия решения для покупателя. Реальный представитель в агентстве стремится как можно быстрее понять критерии покупателя и затем в диалоге, варьируя параметрами этих критериев, помогает подобрать подходящую автомашину.

Модель этого процесса основана на том, что каждый автомобиль обладает некоторыми интегральными характеристиками, и каждый покупатель имеет свое индивидуальное представление о желаемом продукте. Процесс выбора в таком случае может быть сведен к сравнению динамической функции потребительского представления с множеством характеристических функций, определяющих данный вид продукции.

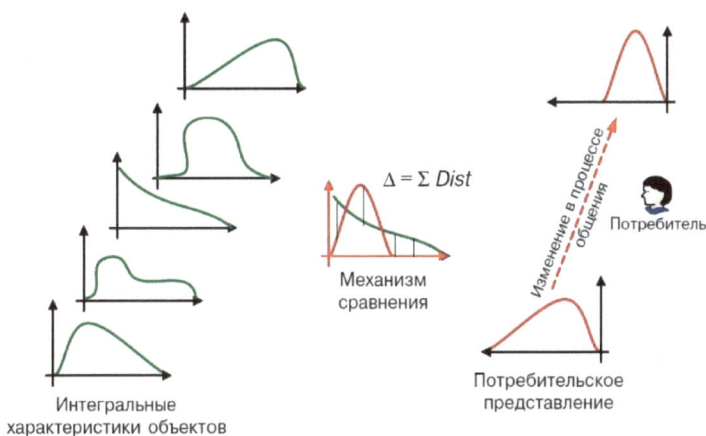

Рис. 22. *Сравнение потребительских представлений с характеристиками продукции*

Стратегия дилера сводится к «*наилучшему*» распознаванию критериев покупателя и затем добавлению к ним составляющей своего интереса. Фактически в процессе неформального общения с покупателем дилер улавливает и усиливает его представления и затем сопоставляет их с характеристиками автомашин, которые он имеет в своем воображении (рис. 22). Качество дилера, можно оценить, как его умение понять и адекватно реагировать на изменения в пожеланиях покупателя; в его практических знаниях спецификаций автомобилей, как в конкретном дилерстве, так и в целом в индустрии; а также в его способности выбирать оптимальный автомобиль на основании размытых представлений покупателя. В этих процессах содержится много нечетких определений и критериев, которые не позволяют получить строгую формальную модель всего решения в целом. Однако в этой достаточно простой, на первый взгляд, схеме применяются решения, которые являются ключевыми для создания интерфейсов к так называемым «*гибким производствам*». «*Гибкие производства*» предназначены для изготовления продукции под требования конкретного потребителя.

Современные автоматизированные технологии позволяют свести к минимуму производственные затраты в том случае, если известна формальная спецификация продукта. Однако получение таких индивидуальных спецификаций остается серьезной и дорогостоящей проблемой. При помощи интерактивных *Web*-интерфейсов эта проблема может быть решена путем создания виртуальных консультантов, оказывающих помощь в составлении производственных спецификаций на изготовление продукции под конкретного потребителя в условиях массового индустриального производства.

В моделировании этого процесса можно выделить три основных этапа - задание характеристических функций, динамическое моделирование потребительского представления и их сравнительный анализ, между которыми имеется большое количество как прямых, так и обратных связей [30]. Обратная связь между результатом анализа и представлением покупателя является ключевым звеном для всей модели в целом, поскольку человек постоянно меняет свои цели в процессе поиска.

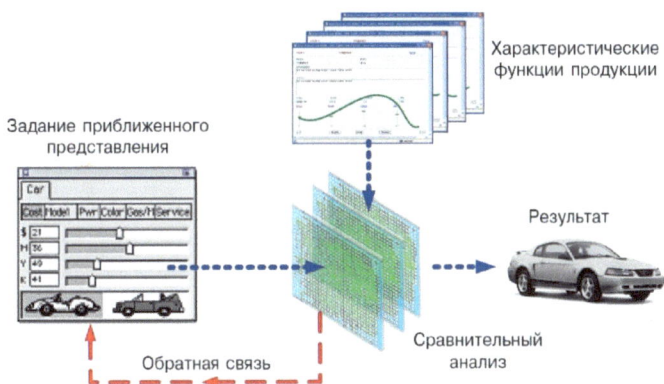

Рис. 23. *Задание приближенного представления*

Нужно здесь отметить, однако, что в нейронных сетях разделение связей на прямые и обратные носит весьма условный характер. Регистрация изменений в представлениях покупателя может осуществляться либо самим покупателем, например, при помощи «*слайдеров*» (рис. 23), позволяющих в удобной форме задавать приближенные значения, либо в процессе диалога с виртуальным агентом, с использованием лингвистических переменных, которые могут иметь такие размытые значения как «*больше*», «*дороже*», «*быстрее*» и т. п.

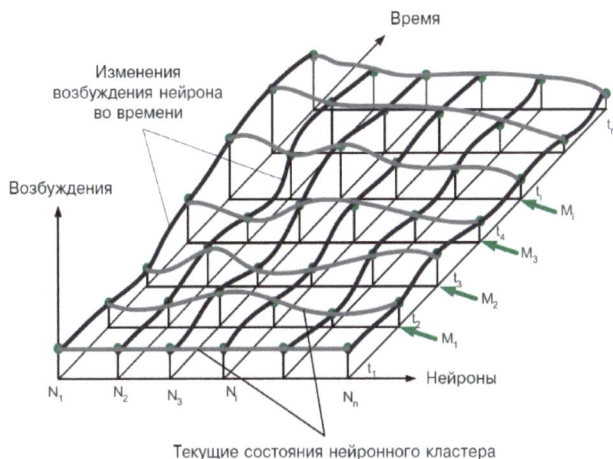

Рис. 24. *Нейрограмма - динамическое изменение возбуждений нейронов*

51

Некоторые из критериев могут иметь вполне определенные и точные значения, например, производитель или название продукта - *"Ford"*, *"Toyota"*, *"Camry XLE"*. Некоторые представления могут иметь численное значение, например, «*Не больше, чем $10,000*» или «*Не более 100,000 км*».

Нам предстоит объединить все различные виды этих представлений в некоторое унифицированное и конструктивное образование, которое позволит выполнять операции добавления, сравнения, изменения и другие. Предположим, что все возможные лингвистические и числовые значения могут быть отображены на множество нейронов (рис. 24), возбуждения которых могут изменяться во времени как в результате внешних воздействий, так и под действием внутренних механизмов, таких, например, как «*забывание*».

Такая модель позволяет использовать математические методы анализа и обладает двумя важными свойствами: с одной стороны, механизм порогового возбуждения дает возможность выполнять определенные действия, например, запускать программы, с другой стороны, текущее возбуждение нейронов может соответствовать размытым приближенным значениям, характерным для лингвистических переменных. Очевидно, что такая модель нейрона позволяет также хранить и точные значения, как логические, так и цифровые двоичные и действительные.

ВЫЧИСЛИТЕЛЬНЫЕ

АССОЦИАТИВНЫЕ НЕЙРОНЫ

Обратимся еще раз к модели фон Неймана и рассмотрим, что произошло с первоначальной идеей использования нейронов в качестве базовых элементов для конструирования вычислительных устройств [19, 20]. Физиологические системы содержат огромное количество соединенных друг с другом нейронов, каждый из которых является вполне законченным вычислительным устройством. В современных компьютерах оперативная память содержит множество однотипных элементов, количество которых сравнимо с количеством клеток в биологических системах, однако все эти элементы являются пассивными и в отличие от биологических нейронов не являются функционально полными устройствами. Первоначально фон Нейман объединил *устройство управления*, *арифметико-логическое устройство* и *память* в один блок, который он назвал *ассоциативным нейроном* или *центральным процессором* (рис. 25). На первый взгляд, его *процессор* действительно напоминает модель нейрона, однако ассоциативный нейрон не предназначен для хранения больших объемов данных, и в отличие от пассивного запоминающего элемента для него существенным является самостоятельная активность. Компьютер на ассоциативных нейронах так никогда и не был реализован - вместо множества активных элементов, из которых он должен был бы состоять, следуя первоначальной схеме фон Неймана, классический компьютер построен из пассивных ячеек памяти, связанных с единственным *центральным процессором*.

В результате современные компьютеры оказались так же далеки по своей структуре от физиологических нейронов, как и автомобиль от двигательной системы человека. При этом и автомобиль и компьютер прекрасно решают свои задачи - мы можем быстро перемещаться по транспортным магистралям и производить эффективные преобразования данных и вычисления по известным алгоритмам. Можно только предполагать, как развивалась бы вычислительная техника, если бы ассоциативный нейрон был положен в основу ЭВМ. Как и во многих других случаях, экономика оказалась решающим фактором в выборе направления развития, и активные нейронные компоненты, которые фон Нейман предполагал использовать в качестве базовых элементов ЭВМ, были заменены на более экономичное решение, в котором множество пассивных элементов памяти работают с одним центральным процессором, что в свою очередь привело к возникновению последовательных методов обработки данных и соответствующих последовательных алгоритмических языков программирования.

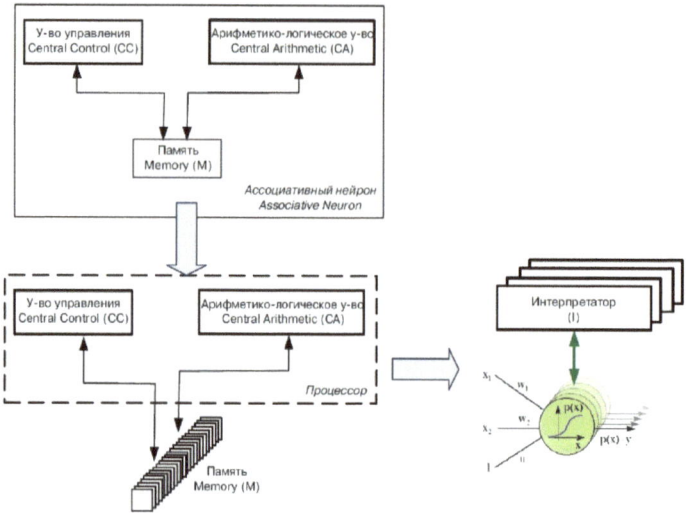

Рис. 25. *Эволюция нейронной архитектуры*

Первое поколение нейронных моделей, основанное на работе МакКалоха и Питтса *"A logical calculus of the ideas immanent in nervous activity"* [18], было построено исходя из предположения, что нервная активность биологических систем подчиняется простому закону - *«все или ничего»* и как следствие этого - *«нейронные события и соотношения между ними можно изучать средствами логики предложений»* [18]. Искусственный нейрон построенный по этой схеме содержит два основных блока - *сумматор* и *функциональный преобразователь* (рис. 26), а сама сеть, состоящая из таких нейронов, предполагается неизменной во времени.

Рис. 26. *Схема формального нейрона*

Дальнейшее развитие искусственных нейронов происходило параллельно с физиологическими исследованиями по пути добавления различных функциональных преобразователей, совершенствования алгоритмов изменения весов входных сигналов, обратных распространений, множественных взаимосвязанных слоев и других свойств. Модели современных искусственных нейронов отличаются от Мак-Калока и Питтса, в первую очередь, динамическими свойствами.

Структура нейрона, включая его входные связи, сумматор и функциональный преобразователь, может изменяться во времени. Нейронная сеть также является динамическим образованием, в котором количество нейронов и связи между ними постоянно изменяются под воздействием разнообразных факторов. При моделировании нейронов в программных средах мы можем использовать произвольные вариации моделей - от самых простых двоичных, до импульсных само трансформирующихся жидких нейронов (*liquid neurons*) [15, 16], не имеющих стабильного состояния. По мере необходимости мы сможем создавать различные типы искусственных нейронов, присоединяя исполняемые скрипты к конкретным экземплярам нейронных объектов. Программное моделирование искусственных нейронов, в отличие от математического, в первую очередь занимается исследованиями их конструктивных свойств, и далеко не последнюю роль при этом играют экономическая целесообразность и технологические ограничения.

В абстрактных моделях вполне допускаются соединения типа «каждый с каждым», что во многих случаях позволяет упростить формализации. В математических рассуждениях не существенно различие между количеством элементов множества. Однако в практических реализациях величина n, определяющая количество узлов в сети, может коренным образом изменить всю архитектуру системы. Если при этом учесть, что количество связей растет как $(n-1) \times n$, становится очевидным, к каким проблемам может привести простое увеличение количества узлов.

В практическом программировании величина массива является одним из основных критериев, влияющих на архитектуру всего решения. В зависимости от количества элементов и свойств отношений между ними, такой массив может быть создан в оперативной памяти, размещен в последовательном или индексно-последовательном файле или организован в виде структуры определенной базы данных. Очевидно, что выбор способа организации данных является принципиально важным, в первую очередь, с точки зрения реализуемости всей модели.

Генерация или задание элементов множества напрямую связаны со способом организации данных. Большинство известных нейронных моделей являются изоморфными, основанными на нейронах одного типа. Возможность конструировать полиморфные системы из различных функциональных нейронов безусловно расширит их функциональные возможности, но с другой стороны, усложнит процесс их задания и последующего развития. Нейронный полиморфизм позволит нам конструировать системы, обладающие принципиально новыми свойствами по сравнению с классическими моделями.

Аналогично тому, как *СУБД* изменили процессы обработки и хранения данных, полиморфные модели с развитыми механизмами организации и хранения нейронов открывают возможности для вариативной интерпретации, создания различных генераторов и анализаторов состояния, доступа к ним из сети Интернет и многих других свойств.

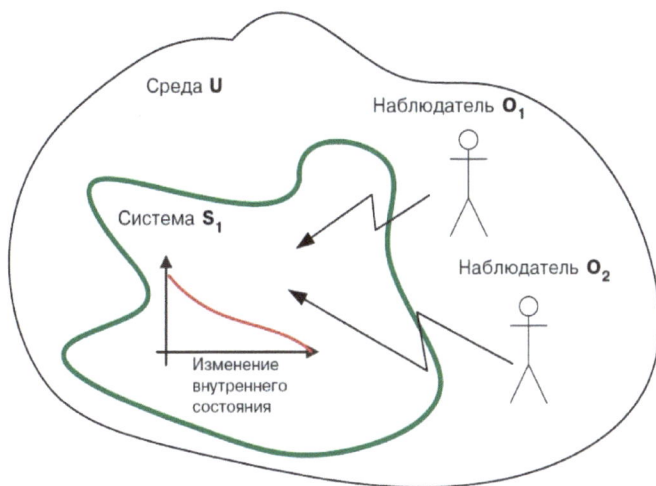

Рис. 27. *Условия внутреннего саморазвития*

Добавление динамических свойств в нейрон, кардинально изменяет всю картину моделирования. Возможность внутренних изменений, в сочетании с внешними воздействиями, является той комбинацией движущих сил, которая позволяет нейронным моделям само развиваться. Действительно, если система самостоятельно изменяет свое состояние (что каким-либо образом может привести к тем или иным реакциям, не обусловленным внешними воздействиями), то наблюдатель зарегистрирует спонтанное, с его точки зрения, событие, появление которого находится вне его знаний о детерминизме поведения данной системы. В общем случае, достаточно двух независимых наблюдателей, обменивающихся с системой сообщениями, для того чтобы поведение системы S_1 с точки зрения любого из них, приобрело характер непредсказуемого и самостоятельного (рис. 27).

В традиционном программировании, где состояние переменных основано на статических методах, содержимое переменной не может измениться до тех пор, пока программа не осуществит это изменение. Способность нейрона самостоятельно изменять свое состояние не является принципиально новым в вычислительной технике - элементы аналоговых ЭВМ ведут себя подобным образом. Однако в отличие от жестких коммутационных структур в аналоговых ЭВМ, изменение которых возможно только на этапе предварительного программирования, нейронные модели способны динамически добавлять новые элементы, устанавливать новые связи и изменять их характеристики. Нейрон, как элемент памяти, обладает еще одним важным свойством - он способен нести значительно большее количество информации, чем 1 бит, хранимый в одной двоичной ячейке оперативной памяти. Состояние нейрона может быть представлено как действительное число, что существенно увеличивает его информативность. Если допустить, что биологический нейрон также является запоминающим элементом с более чем двумя состояниями, тогда оценки объемов данных, которые способен хранить головной мозг человека, должны быть пересмотрены в сторону их значительного увеличения.

КОНСТРУКТИВНЫЙ НЕЙРОН

Для нас особый интерес представляет не столько внутренняя функциональная схема нейронов, сколько механизмы создания нейронных ансамблей, их развитие и поддержание внутренних процессов распространения возбуждений. Сравнительно недавнее открытие нейрогенеза - процесса репродукции и восстановления нервных клеток, позволяет по-иному взглянуть на модели нейронных сетей. Для того чтобы нейрон в определенный момент мог выполнить операцию деления или присоединил свой выход ко входам других нейронов, необходимо наличие некоторого внешнего фактора (*интерпретатора*) O_1. Можно предположить, что внешний наблюдатель может играть роль такого фактора, отслеживая состояние системы и взаимодействуя с индивидуальными нейронами, посылая им определенные сообщения. Например, для того чтобы соединить выход конкретного нейрона N_i с группой нейронов $\{N_k, N_l, N_m\}$, наблюдатель может послать нейронам N_k, N_l и N_m сообщение M_1 с просьбой перейти в состояние выбора, которое позволит выделить их из множества всех нейронов в системе, к которой они принадлежат. После получения этого сообщения, нейроны N_k, N_l и N_m перейдут в состояние выбора, что позволит механизму соединения нейрона N_i, найти готовые к соединению нейроны и построить связь из своего выхода на входы выбранных нейронов. Этот механизм может включиться после получения сообщения M_2 от наблюдателя O_1. Можно предположить, что и в физиологических нейронах существует аналогичный механизм, управляющий развитием аксонов, а определение направления их роста задается градиентом ферментного или ионного «*запаха*», который выделяют целевые нейроны (рис. 28).

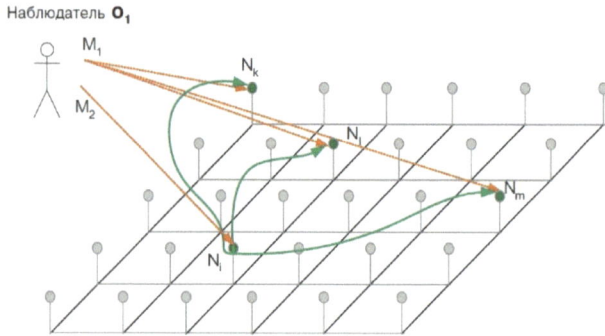

Рис. 28. *Соединение нейронов*

Если исходить из того, что нейроны могут быть расположены в различных областях нейронного пространства, а также иметь специфические функциональные и структурные свойства, операция репродукции должна создавать новые экземпляры в окрестности той области, которой принадлежит прототип, а также содержать механизм изменений, который позволит при создании нового нейрона модифицировать некоторые из свойств его родителя. Модель прорастания синапсов в нервных клетках основана на предположении, что синапс прорастает в направлении, определяемом некоторым полем, в котором существует градиент силы, задающей это направление.

В дальнейшем мы будем использовать демонстрационные примеры, которые позволят читателю самостоятельно экспериментировать с конкретными программными реализациями различных нейронных моделей. Описание процесса установки демонстрационной версии Нейронной экспериментальной среды (**НЭС**), приведено в Приложении. На рис. 29 показана группа нейронов, из которых серым цветом выделена группа нейронов (N_2, N_3, N_4, N_6, и N_{11}) с которыми устанавливает связь нейрон N_0.

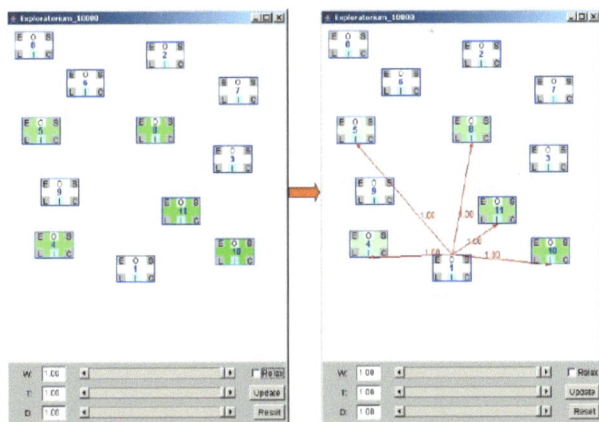

Рис. 29. *Клонирование и соединение нейронов с применением выбора*
(http://www.nnod.com/np)

Процесс репродукции является одним из ключевых в нейронном моделировании и от эффективности его решения зависит насколько успешно смогут развиваться построенные с его помощью системы. В основе нашей нейронной модели лежит *протонейрон* или первичный элемент N_0, обладающий этим фундаментальным свойством и способный передать его в процессе клонирования всем последующим нейронам. Для того чтобы запустить клонирование, нейрон должен получить внешний сигнал, который может быть инициирован наблюдателем или любым другим, возможно, внутренним объектом. Помимо этого, наблюдатель может послать нейрону сообщение об изменении определенных характеристик, влияющих на воспроизводство клонируемого нейрона.

В нашей модели каждый нейрон обладает группой рецепторов - интерфейсов, способных принимать возбуждения из внешней среды. Количество рецепторов и их функции могут меняться в зависимости от сложности искусственного нейрона. Будем считать, что наш искусственный нейрон имеет минимальный набор таких рецепторов, которые отвечают за выполнение основных функций:

E - возбуждение (*Excitation*),

61

S - выбор (*Selection*),

C - клонирование (*Clone*),

P - соединение (*Pipe*),

R - сброс (*Reset*),

T - временная синхронизация (*Timing Clock*),

I - вход (*Input*), *O* - выход (*Output*).

Допустим, что все сообщения, которыми могут обмениваться нейроны с внешней средой, будут содержать адрес назначения и возбуждение - величину, значение которой лежит в диапазоне от *-1* до *+1*. Такой протокол унифицирует внутренние и внешние интерфейсы и позволяет внутренним нейронам посылать сообщения другим нейронам в таком виде, который ничем не будет отличаться, от сигналов, поступающих из внешней среды. Унифицированное представление внешних и внутренних сигналов, а также универсальный механизм восприятия, делают возможным внутреннее развитие нейронной системы и в то же время позволяют реагировать на внешние воздействия. Иными словами, такая модель совмещает способность внутреннего саморазвития с внешним обучением под руководством автора.

Возможность клонирования является одним из наиболее важных свойств биологических организмов в природе и также является одной из основных операций в объектно-ориентированном программировании. Полученный в результате клонирования новый объект может либо в точности скопировать, либо определенным образом трансформировать внутреннее состояние исходного объекта. Для инициирования этой операции в искусственном нейроне нам понадобится специальный рецептор C, который, в случае возбуждения, должен привести к выполнению операции клонирования. Так, например, на рис. 29 все нейроны получены в результате клонирования исходного протонейрона N_0.

Для моделирования диалогового взаимодействия нам понадобится еще одно специфическое свойство - *забывание*. В процессе разговора или поиска информации, контекст является одним из необходимых условий для получения индивидуального и быстро сходящегося результата. Контекстно-зависимые значения могут образовывать сложные ассоциативные группы, для которых мы будем использовать понятие *«забывания»* или функцию разряда (*discharge*), позволяющую изменять уровень возбуждения соответствующего нейрона в зависимости от времени (рис. 30, 31).

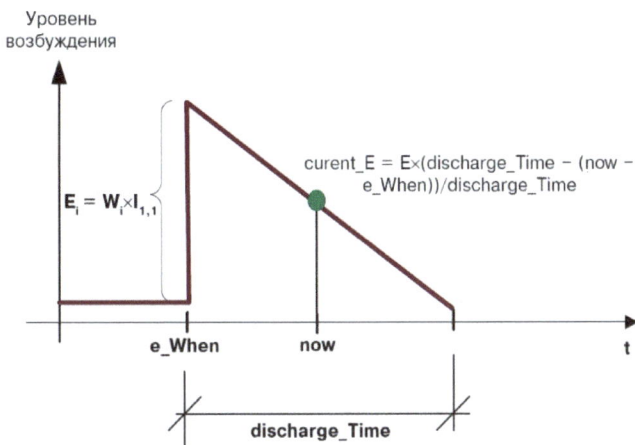

Рис. 30. *Диаграмма разряда нейрона во времени*

curent_E = E×(discharge_Time − (now − e_When))/discharge_Time

$E_i = W_i \times I_{1,1}$

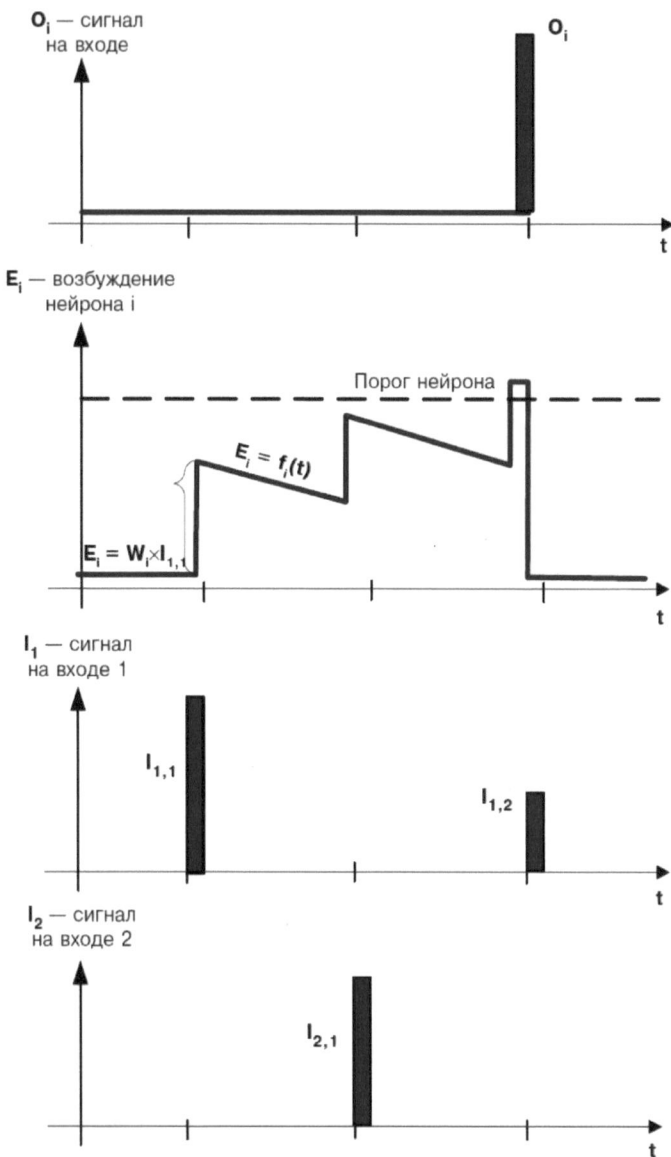

Рис. 31. *Диаграмма состояния нейрона с двумя входами*

Эта функция играет важную роль для многих последующих решений, поэтому рассмотрим ее свойства более подробно. Реальные физические процессы отличаются от идеальных математических в первую очередь наличием всевозможных дополнительных динамических составляющих, которые влияют на их поведение. Например, инерционное движение любого реального материального тела подвержено силам трения, которые в конечном счете приведут к его остановке; заряженные элементы разряжаются с течением времени; человеку свойственно забывать факты или события прошлого и т. п.

Это свойство реального мира находится в прямом противоречии с основными принципами, которые лежат в основе современных вычислительных устройств. Элементная база компьютеров и логика программирования построены, основываясь на предположении, что значение физической ячейки памяти, или переменной в языках программирования остается неизменным до тех пор, пока какие-либо внешние действия не изменят их состояние. Этот статический принцип во многом определяет способы реализации и методологию программирования, в которых время является внешним свойством, по отношению к объектам моделирования. В нашей модели мы будем исходить из того, что все состояния нейронов зависят от времени, и эта зависимость является внутренним свойством самого нейрона. Статическое состояние нейрона рассматривается как частный случай, когда изменения нейрона пренебрежимо малы и не могут быть зарегистрированы наблюдателем в течение некоторого определенного периода времени. В этой модели нейрона все сигналы и все состояния имеют протяженность во времени и их значения могут быть нормированы относительно некоторых базовых величин.

Итак, состояние нашего нейрона можно определить следующим образом: в случае достижения порогового уровня, нейрон «выстреливает» свой заряд во все связанные с ним нейроны. В нормальном состоянии нейрон разряжается и теряет свой заряд в зависимости от установленного для него коэффициента затухания - *discharge_Time*.

В каждый момент времени текущее состояние возбужденного нейрона определяется по формуле:

curent_E = E * (discharge_Time – (now – e_When))/discharge_Time,

где

E— *заряд, полученный нейроном извне в момент времени* *e_When;*

curent_E— *текущий заряд нейрона в условных единицах от –1 до +1;*

e_When— *время в миллисекундах в момент, когда нейрон получил возбуждение извне;*

now— *текущее время в миллисекундах;*

discharge_Time— *время в миллисекундах, в течение которого нейрон полностью разрядится.*

Например, мы можем установить внутренний коэффициент состояния выбора *S* на 10 секунд, и по истечении этого времени нейрон вернется в свое исходное пассивное состояние.

Затухание нейрона может выполнять еще одну важную функцию - генерацию возбуждения по истечении определенного периода времени. Мы будем называть это свойство - инверсным возбуждением. Инверсное возбуждение возникает в тот момент, когда нейрон полностью разряжается, и его порог срабатывания установлен в *0*. Это свойство позволяет использовать нейрон как синхронизирующий элемент в самом широком смысле. Например, два попарно соединенных нейрона с инверсным возбуждением образуют мультивибратор - генератор возбуждений с заданной частотой. Одиночный инверсный нейрон может служить логическим элементом задержки или выступать в роли генератора событий в определенный момент времени.

На рис. 32 показан пример мультивибратора, который позволяет генерировать возбуждения на выходах нейронов «0» и «1» с частотой 1 Гц и 0,1 Гц соответственно. Для этих нейронов пороговое значение установлено в *-1*, для нейрона «0» коэффициент затухания равен 1000 мсек, для нейрона «1» соответственно 10 000.

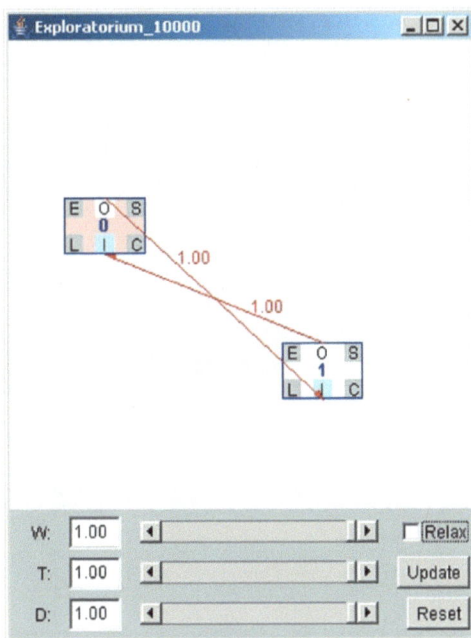

Рис. 32. *Мультивибратор на инверсных нейронах*
(http://www.nnod.com/np)

Программные модели обладают своими специфическими особенностями, среди которых интерпретируемость является одной из наиболее существенных. Мы можем представить себе произвольную абстрактную виртуальную вычислительную машину, которая может интерпретировать нашу модель, однако ее конкретное воплощение должно удовлетворять определенным критериям производительности и экономичности. В силу того, что наши нейронные модели предназначены для работы в среде Интернет, выбор способа реализации искусственного нейрона определяется мобильностью и простотой интерпретации его внутренних механизмов, а также его интерфейсами с внешним программно-техническим окружением. На сегодняшний день одним из наиболее мобильных языков для программирования Интернет приложений является *Java*, а лидерство среди протоколов обмена безусловно принадлежит *TCP/IP*.

На рис. 33 показана модель отдельного изолированного нейрона, имеющего набор переменных, которые определяют его текущее состояние и внутренние методы взаимодействия, включая прием и передачу данных по протоколу *TCP/IP*. Такой нейрон можно сравнительно просто построить в любой среде объектного программирования.

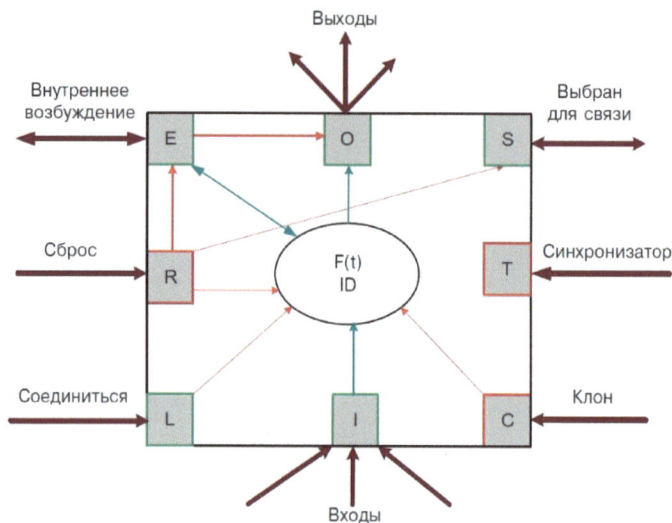

Рис. 33. *Модель входов и выходов искусственного нейрона*

Рассмотрим реализацию этого нейрона в языке *Java* (исходные тексты программ приведены на сайте *www.nnod.com/np*). Его можно представить, как объект, обладающий внутренними методами, которые позволят ему обмениваться с внешней средой сообщениями, используя соединения по протоколу *TCP/IP* с применением *Thread socket_Listener* в классе *Node*. Рецепторы *E, S, C, P, R, T* и *I* могут быть реализованы как открытые для внешних подключений порты, у которых адрес может вычисляться по формуле:

Адрес порта = Номер нейрона × 10 + номер рецептора + смещение.

Такая схема позволяет построить вполне самостоятельный нейрон, способный выполнять максимальное количество операций асинхронно с окружающей средой. При всей простоте и достаточно близкой аналогии с реальным нейроном, этот метод обладает единственным недостатком - его программная реализация потребует значительного количества ресурсов, выделенных для портов, создаваемых в момент клонирования каждого конкретного нейрона. Можно предположить, что в будущем эта схема окажется вполне рабочей, однако в последующих построениях мы будем использовать более экономичное решение - все нейроны в конкретном компьютере будут взаимодействовать с внешней средой через сетевую оболочку (*proxy*), что позволит существенно уменьшить необходимые ресурсы при незначительном усложнении протоколов обмена с внешней средой.

Нейронный класс *Node* и соответствующий класс *Nerve* в языке *Java* имеет следующую структуру:

```
class Node                          class Nerve
{                                   {
        int id;                             int from;
        double E;                           int to;
        double O;                           String O_URL;
        double D;                           double W;
        double T;                   }
        double S;
        Date e_When;
        Date o_When;
        Date s_When;
}
```

Базовые методы для класса *Node*:

```
discharge_Me() {... }
excite_Me(double e_d) {... }
fire_Me(){... }
link_Me(){... }
clone_Me(){... }
select_Me(){... }
```

Метод *discharge_Me()* - является основным способом изменения внутреннего состояния нейрона. Реальный физиологический нейрон, или нейрон, построенный при помощи аппаратных элементов, могут иметь свои внутренние механизмы синхронизации, которые позволят производить изменения состояния параметров нейрона, зависящих от времени. В программных эмуляторах приходится использовать внешние синхронизаторы, которые могут обеспечить вызов этого метода с определенной тактовой частотой, что может быть практически эквивалентно аппаратной синхронизации, в том случае, если интерпретирующий компьютер обеспечит обновление всех нейронов в пределах одного синхронизирующего такта. При этом ограничение на количество одновременно активных нейронов может быть определено следующим образом:

$$\textit{Количество нейронов} < T / \Delta t$$

где

$\textit{T}$ - *интервал синхронизации,*

Δt - *время, необходимое на синхронизацию одного нейрона.*

Передача возбуждения в выходные связи нейрона зависит от значения переменной **o_When**. Если значение этой переменной не определено или время разряда для выхода O не является положительным целым числом, мы будем рассматривать состояние выхода неизменным во времени. В этом случае стандартным поведением будет такое, когда в выходе O, может находиться только один *токен*. *Токен* изымается из выхода O в том случае, если у нейрона имеется по крайней мере одна присоединенная связь с другим нейроном или нейрон имеет внутреннюю ссылку на внешний порт, к которому он произведет вызов, в случае достижения порогового уровня. Независимо от количества связей, нейрон передаст во все внешние связи возбуждение, значение которого равно **+1**.

Поскольку процессы возбуждения нейрона и передачи возбуждения во внешние связи являются в общем случае асинхронными, возможна ситуация, когда нейрон может повторно возбудится до того, как *токен* был передан во внешние связи. В этом случае происходит добавление *токена* к выходу O, который работает как накопитель. Каждый последующий цикл передачи возбуждения во внешнюю среду будет уменьшать количество *токенов* на 1.

Нейрон может передавать возбуждения во внешнюю среду, если у него установлено значение внутренней переменной **O_URL**. В демонстрационном примере внешний модуль представляет собой небольшую *JSP*-программу - *neural.jsp*, которая должна быть размещена в доступной директории под управлением *Web*-сервера *Apache Tomcat*. Вызов этой программы из нейрона приведет к ее запуску, и как результат эта программа может породить сколь угодно сложный процесс - реакцию.

При обращении нейрон передаст в вызываемую программу единственный параметр - свой номер. Эта же программа может быть вызвана обычным способом:

http://www.nnod.com/np/neural.jsp?ID=12345

Ниже приведен исходный текст этой программы:

```
<%
    String ID= request.getParameter("ID");
    if (ID == null) ID = "";
%>
OK ID = <%=ID%>
```

Этот пример предназначен для демонстрации работы нейрона в «моторном режиме», когда результатом его работы может быть возбуждение внешнего программного модуля (рис. 8).

Для удобства проектирования нейронных моделей, помимо классических связей обеспечивающих передачу возбуждений между нейронами, введем дополнительный класс структурных связей. Будем называть соединения между нейронами, по которым могут передаваться сигналы-возбуждения активными связями $P_{i,j}$ (*Pipes*). Структурные связи $SL_{i,j}$ (*Structural Links*) служат для выделения групп нейронов, обладающих определенными свойствами.

Например, группа нейронов, представляющих значения слов конкретного словаря, или группа нейронов, представляющих распознающий диагностический слой, и т. п.

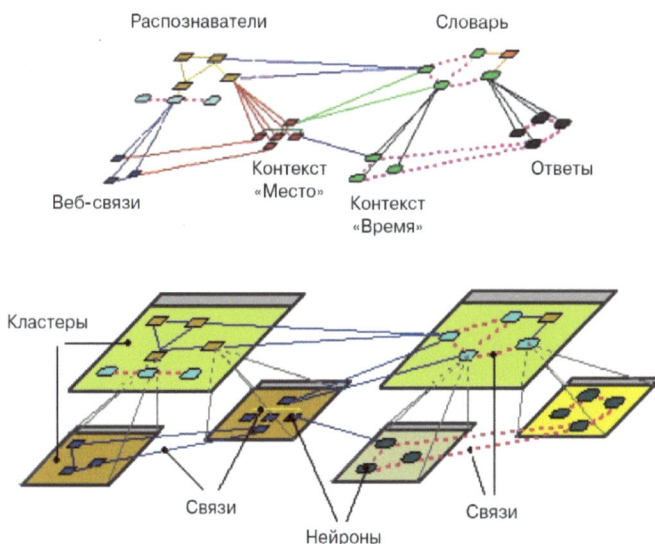

Рис. 34. *Структурные связи и их представление в виде кластеров*

Структурные связи позволяют легко задавать, и соответственно выделять из всего множества нейронов данной модели только те, которые принадлежат определенному слою, и тем самым создавать многослойные взаимосвязанные структуры. Сами по себе структурные связи не оказывают никакого влияния на распространение возбуждений среди нейронов и выполняют исключительно вспомогательную роль, облегчая понимание и упрощая процесс проектирования.

Будем называть группу нейронов, принадлежащих данной иерархии, - кластер (рис. 34). Наличие структурных связей позволяет использовать традиционные методы работы со структурированными данными. Хорошо известные в реляционных базах данных операции выборки могут быть в полной мере применимы к кластерам в нейронных моделях. Более того, интеграция нейронных моделей и реляционных баз данных позволяет существенно упростить решение большого количества задач, связанных с организацией нейронов в различные группы, в зависимости от интересов конкретного пользователя. Структурные связи могут быть заданы в виде реляционной таблицы:

Название	Тип	Описание
ID	AutoNumber	Уникальный идентификатор
Cluster_Name	Text	Имя кластера (может быть пусто)
From	Number	Идентификатор нейрона, которому принадлежит данный кластер (может быть пусто)
Neuron_ID	Number	Идентификатор нейрона, который входит в данный кластер

Нейроны, принадлежащие определенному кластеру, можно выбирать при помощи стандартных *SQL*-запросов. Например, если существует кластер 'Rus_Dictionary', множество принадлежащих ему нейронов может быть получено следующим образом:

SELECT *Neuron_ID* **FROM** *Clusters*
WHERE *Cluster_Name* = 'Rus_Dictionary'

Структурные связи позволяют применить при создании нейронных моделей визуальные графические интерфейсы и концептуальные методы проектирования, аналогичные тем, которые используются в теории и практике баз данных. В практическом проектировании баз данных успех зачастую достигается за счет удачного сочетания различных методов моделирования: математических, концептуальных, логических и физических способов представления данных, их отношений и функциональных интерфейсов.

Концептуальные представления в этом ряду занимают свое особое место, поскольку в отличие от математических моделей, предназначенных, в первую очередь, для получения универсальных и общих решений, в концептуальных моделях учитывается различие в точках зрения и интерпретациях разных людей при работе с одними и теми же наборами данных.

В задачи проектировщика при этом входит выявление этих различий и разработка механизмов интерпретации и представления данных, в зависимости от их конкретного потребителя. Концептуальные представления и информационный релятивизм можно отнести к одному и тому же феномену - одинаковые сообщения воспринимаются и интерпретируются различными системами по-разному.

СЕТЕВАЯ ОБОЛОЧКА И БАЗОВЫЕ ПРОТОКОЛЫ

Сенсоры нейронов обеспечивают восприятие сигналов, поступающих из внешней среды. Для их моделирования мы будем использовать два типа возбуждений: непосредственное возбуждение, в том случае, если используется графический интерфейс, и сетевое возбуждение на основе протокола *TCP/IP*, в случае, когда сигнал приходит из любого удаленного источника. Графический интерфейс и взаимодействие через интернет-протоколы образуют систему доступа, хорошо известную специалистам по базам данных, где с одной стороны используются запросы в графической форме (*Query By Form*), а с другой - программисты всегда могут использовать язык *SQL* в качестве универсального средства построения произвольных обращений к данным. Так же, как и в базах данных, визуализация нейронов и связей между ними может иметь множество различных форм, в зависимости от задач, решаемых конкретным пользователем.

Обучение и конструирование являются такими же важными свойствами в нейронном моделировании, как и реакция нейрона на внешние раздражения. Сенсоры и рецепторы при этом одновременно выполняют две существенно различные функции - принимают сигналы, которые ведут к изменению структуры нейронной модели и реагируют на внешние возбуждения, которые приводят к ответной реакции, что вполне можно сравнить с процессом программирования и исполнения программ. Программирование изменяет структурно-функциональные свойства, а исполнение программ заключается в реакции на данные, поступающие извне. В нейронных моделях программирование и исполнение фактически объединены в едином процессе обмена возбуждениями. При этом понятие программа размывается, и мы можем говорить лишь об изменениях в состоянии нейронных систем в процессе их взаимодействия с внешним миром. Такое свойство нейронных моделей вполне соответствует нашему бытовому представлению о человеческом поведении, когда обучение и реакции в процессе общения практически не разделены - получаем ли мы новые знания или отвечаем на вопросы, которые нам хорошо известны, это происходит в контексте непрерывного нераздельного взаимодействия на протяжении всей человеческой жизни.

Как мы уже отмечали выше, происходящие в результате взаимодействия изменения в состоянии нейронной системы, могут быть достаточно легко измерены и сведены к вполне конечному множеству значений, отражающих текущее состояние нейронов и их связей. Основываясь на таких измерениях, мы можем использовать методы количественного анализа для определения характеристик как динамики развития, так и в целом сложности нейронных систем. Сравнивая поведение молекул в физических системах с поведением нейронов, мы можем заметить, что нейрон обладает практически таким же количественным набором характеристик. Момент количества движения молекул и уровень возбуждения нейронов могут служить основанием для их сравнения, что позволяет использовать физические аналогии применительно к информационному анализу нейронных систем.

В графической версии пользовательского интерфейса, включенной в состав *НЭС*, взаимодействие с нейроном осуществляется путем «прикосновения-щелчка» в область определенного рецептора, что приведет к передаче сигнала в нейрон для его последующей обработки. Такой способ является достаточно наглядным для изучения свойств искусственных нейронов и может быть использован при построении базовых нейронных структур.

По мере необходимости мы будем последовательно добавлять новые возможности в протокол обмена с нейронной средой. Первый уровень этого протокола практически соответствует интуитивной физиологической модели - возбуждение рецептора происходит в случае появления сигнала на его входе, что может быть задано при помощи двух параметров: адрес рецептора в нейроне и уровень сигнала. Нейрон получает сигнал на входе после того, как он трансформировался нервом (связью) в соответствии с коэффициентом передачи. Однако если на вход нейрона поступает сигнал от внешнего источника, уровень возбуждения должен быть явно задан передающей стороной. В этом случае используется следующий формат сообщения:

Сообщение :=

<GET ></ номер нейрона>=<рецептор> |

<GET ></ номер нейрона>=<рецептор>=<величина

сигнала>

Для обмена с Сетевой оболочкой (*NS*) можно воспользоваться любой телекоммуникационной программой, которая поддерживает соединения по протоколу *TCP* (рис. 35). Самым простым и доступным способом передачи сигнала на рецептор конкретного нейрона является *HTTP*-запрос.

Практически во всех библиотеках современных языков программирования имеются средства для создания *HTTP* запросов, равно как и в большинстве прикладных приложений - *MS Excel*, *Word* и т. п., есть встроенные средства гиперссылок, которые могут быть использованы в качестве инициатора такого запроса. Самым простым способом передачи сигнала на рецептор конкретного нейрона является активизация гиперссылки в одном из таких приложений, например, в Веб-браузере.

Каждая сетевая оболочка представляет собой самостоятельную программу, и мы можем иметь произвольное количество одновременно работающих копий, присвоив каждой из них свой собственный порт. Поскольку каждый порт имеет уникальный номер, в дальнейшем мы будем использовать этот номер для идентификации сетевых оболочек и, соответственно, нейронных структур, расположенных внутри. Обращение к оболочке, для которой, например, выделен порт 10000, будет выглядеть следующим образом:

http://localhost:10000/0=s

При получении такого запроса НЭС выделит из тела HTTP-запроса команду, определит тип рецептора и выполнит соответствующую операцию с конкретным нейроном. На рис. 36 показан пример взаимодействия нейронной среды *НЭС* с веб-страницей, которая входит в состав демонстрационного примера. На этой странице созданы несколько гиперссылок к нейронам с использованием динамических свойств *DHTML* и языка *JavaScript*.

Для того чтобы обращение к *НЭС* не приводило к постоянной перезагрузке содержимого, нам понадобится дополнительный фрейм (рис. 37), откуда будет осуществляться *HTTP*-вызов и туда же будет возвращен полученный результат. Мы будем использовать этот фрейм для исполнения программ, динамически загружаемых в данную страницу из различных внешних источников.

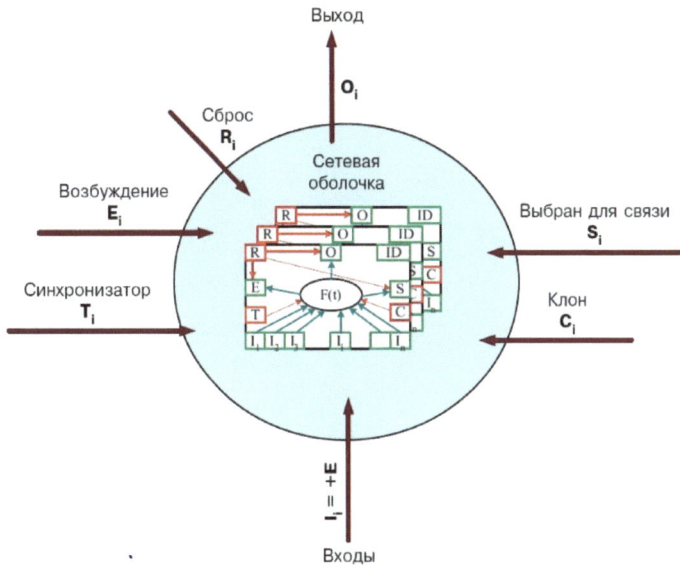

Рис. 35. *Сетевая оболочка искусственного нейрона (i - номер нейрона)*

Такая возможность появляется у нас потому, что страница в этом случае является вполне самостоятельным *интерпретатором*, и существует несколько интерпретируемых языков (*JavaScript*, *VBScript* и др.), которые обладают достаточными свойствами для поддержания распределенных вычислительных процессов. Такие двухслойные страницы состоят из видимого переднего плана, который мы будем называть *карта (Card)* и второго скрытого слоя - *фона (Background)*. Многослойная структура делает возможным эффективно использовать веб-страницу как активный программный компонент, позволяющий выполнять в скрытом слое все необходимые действия по вызову внешних систем, обработке полученных результатов и передаче их для отображения в видимый слой.

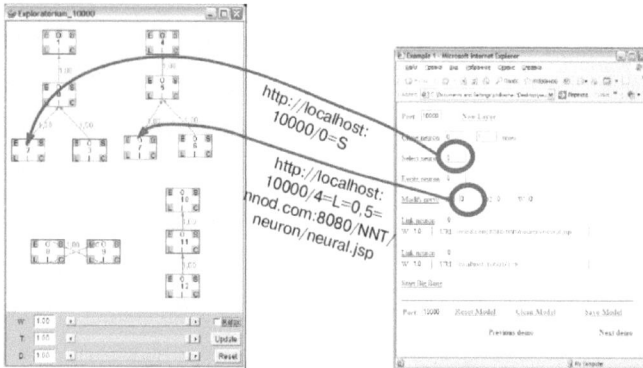

Рис. 36. *Нейроны могут воспринимать сигналы из внешней среды*

Вызов *НЭС* из этого фрейма на языке *JavaScript* выглядит следующим образом:

```
Host = "localhost";
Port = "10000";
function call_Neural_Environment(Neuron_ID, op)
{
        URL = Host + Port + "/" + Neuron_ID + "=" + op;
        parent.fControl.location.href=URL;
}
```

В качестве внешнего интерфейса мы можем использовать сервер *Apache Tomcat*, что позволяет через *ODBC/JDBC* интерфейс подключить нашу нейронную среду к базам данных или к другим функциональным приложениям. Вместо *JSP/Servlets*-технологии с таким же успехом может быть использована *ASP*-технология Микрософт.

В *НЭС* загрузка фреймов осуществляется через промежуточную страницу - *loader.htm*, которая содержит следующий код:

```
<HTML>
<HEAD>
<TITLE>Example 1</TITLE>
</HEAD>
<FRAMESET COLS="*">
 <FRAMESET ROWS="100%,0%">
   <FRAME NAME="Card" TARGET="Card" SRC="neuron.htm">
   <FRAME NAME="Background" TARGET="Background" SRC="">
 </FRAMESET>
</FRAMESET>
</HTML>
```

В дальнейшем мы будем использовать многослойные страницы для управления нейронной средой, обмена с базой данных, организации диалога и иных функций. Такая организация позволяет с минимальными затратами построить на основе веб-браузера практически неограниченный, открытый и расширяемый набор функциональных компонентов, в которых сочетаются мощные графические средства, возможности динамического программирования и развитые интерфейсы к широкому спектру систем и прикладных программ.

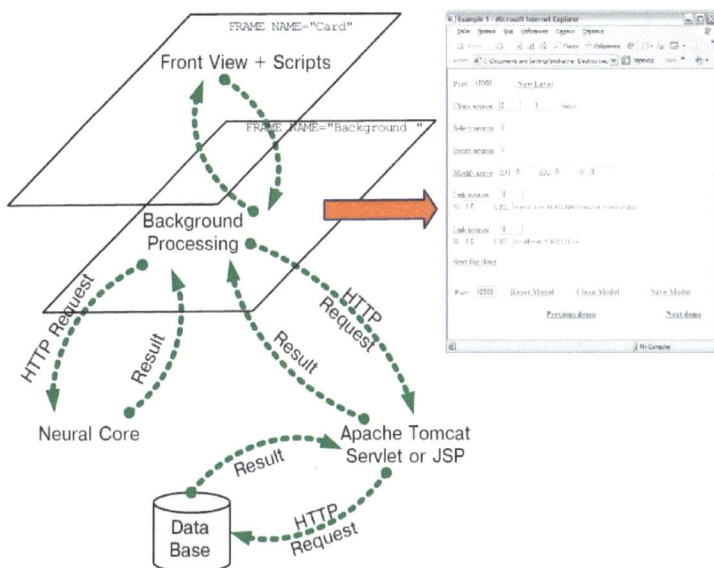

Рис. 37. *Многослойная структура DHTML-страницы*

81

Программирование нейронных приложений на языках типа *Java*, позволяет использовать все современные средства и технологии для интеграции этих моделей в разнообразные прикладные системы. При этом мы можем подключать к ним такие структуры данных, как словари, тезаурусы, индексные файлы и т. п.

Мы можем расширить протокол обмена с нейронами, введя, например, дополнительные конструкции в язык <u>SQL</u>, которые обеспечат управление клонированием, возбуждениями, связями и другими операциями, применимыми в нейронных моделях:

```
SELECT NODE/LINK … FROM … WHERE …
UPDATE NODE/LINK … WHERE …
DELETE NODE/LINK/CLUSTER … WHERE …
CLONE …
EXCITE …
LINK …
```

По аналогии с *ODBC/JDBC* команды обмена с интегрированной нейронной средой в рамках протокола высокого уровня могут быть встроены в язык следующим образом:

```
query = "SELECT NODES " +
"FROM * WHERE ID = 123 ";
ns = neural_statement.execute (query);
more = ns.next ();
while (more)
{
    ID = ns.getString(1); more = ns.next ();
}
```

Применение этого протокола при программировании модулей *JSP* или *сервлет* под управлением *Apache Tomcat* позволяет сохранить общий стиль обмена как для баз данных, так и для нейронных моделей.

Сенсорные и моторные свойства нейронов в нашем случае сведены к обмену сообщениями через Интернет, а ассоциативный нейрон, сохранив все основные свойства статических искусственных нейронов, имеет ряд динамических свойств, расширяющих его функциональные возможности.

При построении программной модели искусственного нейрона у нас есть возможность воспользоваться средствами традиционных объектно-ориентированных языков программирования, таких как *Java* или *C++* или, учитывая необходимость хранения моделей в независимом от конкретного интерпретатора виде, использовать объектные базы данных, такие например, как *IBM Cloudscape*, что является более подходящей средой, поскольку в них возможно создавать активные модели, интегрируя данные, объекты и процессы в рамках одной системы. Однако поскольку объектные базы в настоящий момент все еще находятся на экспериментальной стадии развития, мы будем использовать заложенные в них концептуальные положения по интеграции методов и данных, но сохранять наши модели в традиционных реляционных базах, например - *MySQL*.

Для сохранения и восстановления нейронных моделей, а также для работы с сопутствующими данными, такими как тексты, словари и реакции, в демонстрационном примере мы будем использовать *ODBC* интерфейс, что позволит нам создавать решения, независимые от конкретной базы данных. Установка и конфигурация *ODBC* не представляет особых затруднений в современных операционных системах. В табл. 2 приведен пример структуры базы данных, которая может быть использована для хранения нейронной модели.

Таблица 2

Название	Тип	Описание
ID	*AutoNumber*	*Уникальный идентификатор*
Name	*Text*	*Имя нейрона (может быть пусто)*
E	*Number*	*Значение внутреннего возбуждения* $(+1<>-1)$
O	*Number*	*Значение на выходе нейрона* $(+1<>-1$ *или пусто)*
E_When	*Date*	*Время, когда нейрон получил очередное возбуждение*
O_When	*Date*	*Время, когда нейрон, достигнув порога срабатывания, изменил свой ход*
D	*Number*	*Значение коэффициента разряда*
T	*Number*	*Значение порога срабатывания*

НЕЙРОНЫ, СЛОВА И СМЫСЛ

Начиная с древних греков [1], проблемы языка, понимания и интерпретации привлекают внимание многих поколений исследователей. В программировании это направление безусловно является одним из принципиально важных, поскольку все теоретические и практические основы этой дисциплины связаны с понятием языка. Классическое определение «*Язык L - это подмножество множества слов заданного алфавита V, которое может быть задано при помощи грамматики G*», в той или иной форме знакомо большинству профессиональных программистов. Исходя из этого определения, формализован процесс трансляции и выполнения программ, что делает их «понимание» на компьютерном уровне вполне определенным и однозначным. Однако применение контекстно-свободных грамматик, имеющих важное значение для формальных языков программирования, в задачах, связанных с взаимодействием на естественных языках, как правило, не приносит положительных результатов. Какие бы теоретические причины не стояли за этим, успешных практических решений, основанных на применении формальных грамматик в классе задач, связанных с общением на естественном языке, практически не существует. Под успешными мы имеем в виду решения, доступные для прикладного программиста, имеющего опыт работы со стандартными языками программирования и ресурсы среднего персонального компьютера.

Попытки построить эффективные системы для решения задач, связанных с пониманием, предпринимаются на протяжении всей истории программирования. Достаточно назвать такие языки как *LISP, PROLOG, Smalltalk,* системы *Elisa, MICIN* и др. Библиография на эту тему весьма обширна (см., например, [31]). Наша цель состоит в том, чтобы, по возможности используя этот опыт, научиться создавать простые, но в то же время полезные системы, помогающие решать задачи, с которыми большинство программистов сталкиваются повседневно. Для этого мы рассмотрим ряд примеров, которые позволят в результате построить законченную систему, в которой будут присутствовать все основные аспекты понимания и которая будет способна общаться с пользователем на некотором подмножестве естественного языка, зависящем от конкретной ситуации.

Рассмотрим организацию простейших связей между нейронной средой и словами. Слово является основополагающим элементом построения практически всех лингвистических систем. Воспользуемся для его уточнения определением термина словоформа (*word form*) в системе *WordNet* [9]. Не углубляясь в исследование формальных свойств этого понятия, будем считать, что в нашем случае слово - это последовательность символов, ограниченная пробелом либо иным специальным символом, которая может быть выделена из текста при помощи определенной программы. Нас не будет интересовать происхождение текста - он может представлять собой программу или часть литературного произведения, сообщение в чате или последовательность, полученную на выходе системы распознавания речи. Для нас будет вполне достаточно того, что существует программа, которая сумеет выделять из этого текста слова. Операция выделения может быть использована для самых различных целей, например, для создания словаря D или для возбуждения нейрона, соответствующего этому слову.

Для выделения слов из текста и построения простейшего словаря можно воспользоваться программой (*JavaScript*), приведенной ниже:

```
var dictionary = new Array();
function extract_Words(raw_text)
{
    words_array = raw_text.split(" ");
    words_array = words_array.sort();
    j = 1;
    dictionary[0] = words_array[0];
    for (i = 0; i < words_array.length-1; i++)
    {
        if (words_array[i] != words_array[i+1])
        {
            dictionary[j] = words_array[i+1];
            j++;
        }
    }
}
```

В *НЭС* применен незначительно усовершенствованный вариант этой программы, в котором к программе добавлен метод удаления мусора и редактирования специальных символов (рис. 38).

Результатом работы программы, после обработки текста, является словарь D, состоящий из n уникальных слов W_i. На основе этого словаря мы можем построить нейронный слой L_1 состоящий из n нейронов N_i, каждый из которых соответствует слову W_i в словаре D.

Для создания нейронной группы, состоящей из *n* элементов, воспользуемся операцией клонирования и применим ее, например, к нейрону N_0. На рис. 37 приведен пример последовательности действий для этого решения. На первом этапе происходит построение словаря из слов произвольного текста, который в дальнейшем используется для определения индекса, принадлежащего этому словарю слова. В дальнейшем возбуждение нейронов может происходить в режиме последовательного чтения (*Excite from text*) или выборочно - в случае выделения произвольного слова в тексте.

В рамках одной нейронной модели, может быть построено произвольное количество нейронных слоев и произвольное количество сетевых оболочек. Построение многослойных моделей производится путем конструирования и выделения нейронных слоев и установления структурных связей между нейронами для их последующей визуализации. В этом примере мы будем предполагать, что один нейронный слой в точности соответствует одной сетевой оболочке и, соответственно, одному запущенному процессу, и таким образом, слой, оболочка и процессы могут быть идентифицированы по номеру порта. Запуск необходимых процессов для данного примера может быть выполнен по инструкциям, приведенным в Примере 2. НЭС.

Так же, как и элементы оперативной памяти ЭВМ, состояние нейрона может быть интерпретировано различным образом. Двоичные агрегаты данных, такие как слова и байты, можно интерпретировать как буквы, числа или команды, и уже на основе их комбинаций конструируются более сложные структуры. Нейрон, являющийся динамическим объектом, способным не только хранить определенные значения, но и выполнять связанные с ним действия, существенно расширяет возможности интерпретации.

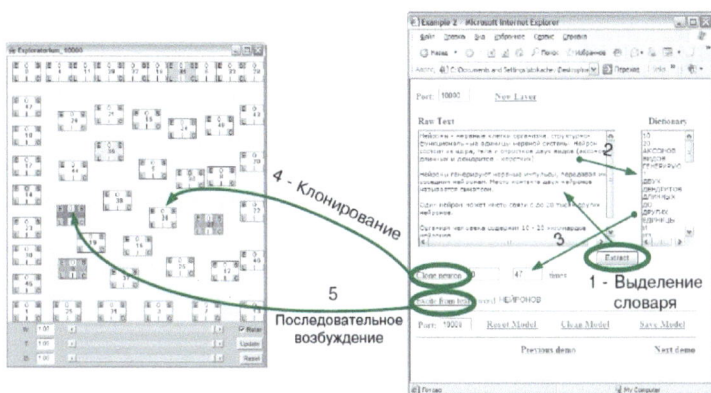

Рис. 38. *Отображение словаря на нейроны*
(Пример 2. НЭС http://www.nnod.com/np)

Например, мы можем интерпретировать состояние группы нейронов как модель понятийного аппарата головного мозга, отвечающего за первичное восприятие слов или иных сигналов, поступающих из сенсорных групп. В ином случае мы можем рассматривать нейронные возбуждения как индикаторы экономических или производственных процессов - состояние запасов склада, загрузка оборудования, финансовые риски и пр. При этом интегральные характеристики, взаимовлияние и динамические свойства нейронных моделей позволяют существенно упростить представление данных, как для принятия решений в реальном времени, так и для применения математического аппарата, например, как методов оптимизации, прогнозирования, классификации и т. п.

Динамические свойства нейронных моделей позволяют упростить решение задач, связанных с лингвистическим анализом. Рассмотрим пример, в котором мы будем использовать группу взаимосвязанных нейронных слоев для решения задачи простейшего перевода слов из нескольких словарей, представляющих различные языки через промежуточный слой эквивалентных понятий.

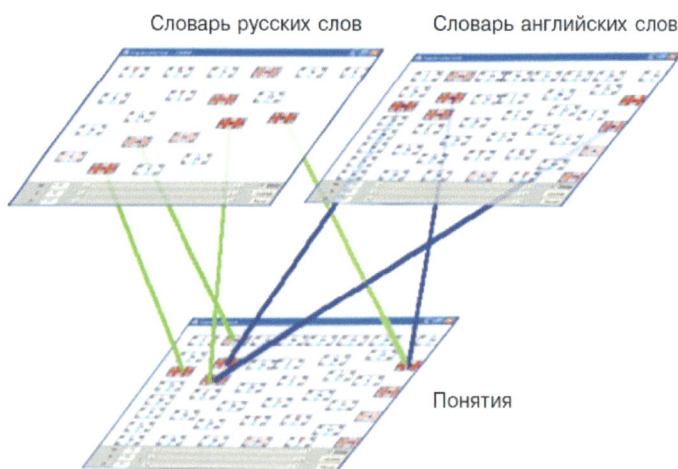

Рис. 39. *Отображение слов на связанные с ними понятия (Пример 3. НЭС http://www.nnod.com/np)*

Предположим, что слой 10000 мы будем использовать для хранения слов, принадлежащих русскому языку (словарь *RU*), а слой 100001, соответственно, для слов английского языка (словарь *EN*). Введем третий слой 10002, в котором мы можем задать смысловые значения слов, или понятия (словарь *M*). Допустим, что каждому слову из словарей *RU* и *EN* соответствует единственное слово в словаре **M**, тогда мы можем построить простейшую многослойную нейронную сеть, связывающую слова и понятия (см. рис. 39). Использование дополнительного слоя **M** позволяет в дальнейшем перейти к более универсальному понятию - смысл (*meaning*), в тех случаях, когда представление слова необходимо представить в независимом от конкретного языка виде. Например, нейрон N_1 в слое **M** может представлять смысловое значение слова *ГЕНЕРИРУЕТ* из словаря **RU** и слова *GENERATE* из словаря **EN**.

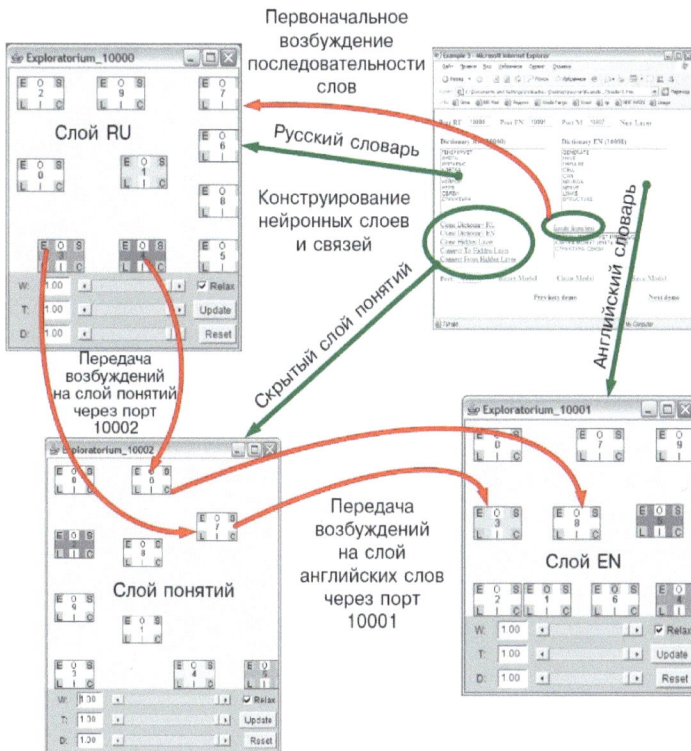

Рис. *40. Отображение слов на связанные с ними понятия*
(Пример 3. НЭС http://www.nnod.com/np)

Использование смысловых значений, синхронизированных с входным потоком слов в живой речи, расширяет возможности лингвистических анализаторов, в которые можно встроить такой механизм. В этом примере используется поток слов из нескольких предложений, которые проверяются на принадлежность словарю, индексируются, и затем программа посылает сигнал возбуждения соответствующего нейрона. На рис. 40 показана схема взаимодействия между тремя слоями и программой выделения слов. Здесь предполагается, что соответствия между словами уже установлены, и веса этих соответствий одинаковы для всех слов.

В дальнейшем мы будем использовать множественные отношения между словами, и при этом весовые коэффициенты этих отношений будут определяться в зависимости от их значимости и контекстов.

На этом примере можно проследить все основные особенности многослойных взаимосвязанных нейронных моделей. Возбуждения, развивающиеся на одном из нейронных слоев, могут переходить на другой слой, в котором они могут порождать новые потоки возбуждений, которые в свою очередь могут переходить на следующие слои и так далее. Взаимосвязанные нейронные слои могут соединяться в очень сложные структурно-функциональные образования, поэтому приемы концептуального анализа и декомпозиции являются важными составляющими процесса проектирования, позволяя получить требуемый уровень детализации и представления. В некоторых случаях требования, предъявляемые к наглядности представления, могут существенно изменить внешний вид нейронной модели.

Слова являются элементарными единицами общения в человеческой речи, и для каждого слова существует множество известных значений, как правило, приведенных в различных словарях. Поступающие в нейронную модель последовательности слов, возбуждая соответствующие нейронные группы, приводят к изменению динамического пространства понятий отдельных слов и контекстных значений, образованных в процессе всей истории развития конкретной нейронной модели. В такой нейронной модели понимание можно определить, как процесс нахождения наиболее оптимальной реакции в динамическом пространстве слов и контекстов. Внешнее проявление понимания всегда проявляется в виде реакции, поэтому уровень знаний системы можно, с точки зрения внешнего наблюдателя, свести к адекватности множества всевозможных реакций.

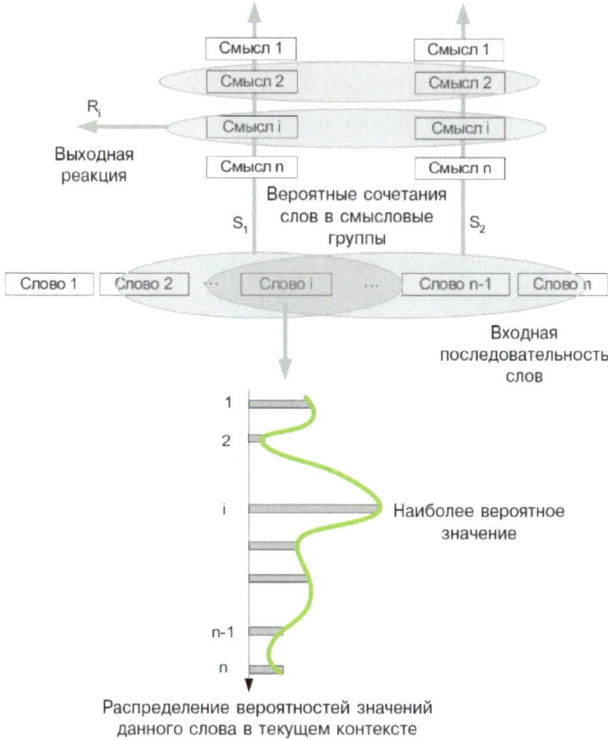

Рис. 41. *Сочетание словарного смысла конкретного слова и смысла словосочетаний*

Так же, как для каждого отдельного слова, существует множество словарных значений, так и для различных словосочетаний существуют различные мета-значения, а совместная совокупность наиболее вероятных значений определяет текущее состояние системы - понимание текущей фразы, которая в свою очередь, позволяет получить наиболее подходящую для этого понимания реакцию.

Очевидно, что глубина анализа словарных значений, как и значений словосочетаний, зависит от мощности нейронной модели. Чем больше вариантов значений в словаре системы и чем больше количество различных смысловых значений, связанных с различными словосочетаниями, тем глубже понимание и тем более качественным будет реакция системы (рис. 41). Установление связей между значениями слов и словосочетаний связано с необходимостью иметь одновременный доступ к большому количеству различных информационных сечений нейронной модели. Визуализации и построению пользовательских графических интерфейсов, предназначенных для редактирования систем представления знаний, уделяется большое внимание особенно в последние годы в связи с развитием мультимедийных методов представления графических данных.

На рис. 42 показан пример нейронного редактора *NN Editor* (автор А. Заборский), разработанный в компании *NeMo* (*http://kiberry.ru*) для моделирования диалогов с виртуальными агентами, размещенными на веб-страницах. В его основу положен принцип гравитации представлений [26], позволяющий выделять из большого количества взаимосвязанных нейронных структур наиболее близкие текущему пользовательскому представлению.

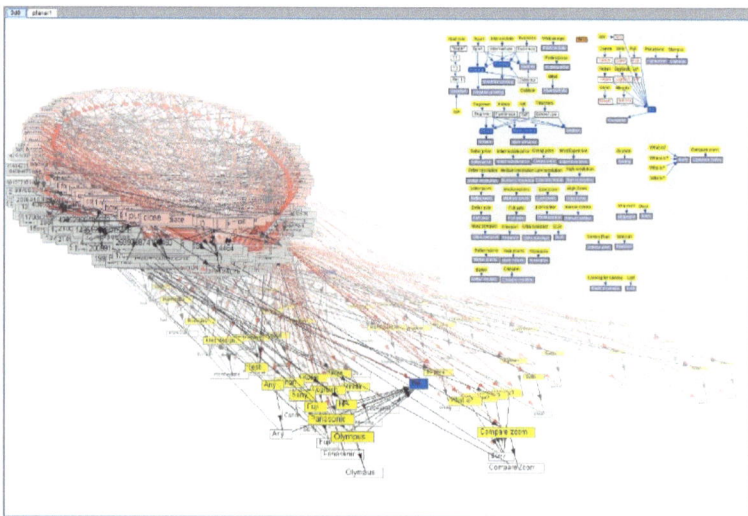

Рис. 42. *Гравитационный редактор нейронных моделей*
Copyright (c) 2005 NeMo Ltd. (http://kiberry.ru/nemo)

ПЕРЦЕПТИВНАЯ ЛИНГВИСТИКА

В середине прошлого века в физике и математике сформировались теоретические представления о границах возможностей получения точных или абсолютных знаний при проведении физических наблюдений и измерений свойств и характеристик объектов реального мира или в логических построениях и доказательствах, обосновывающих истинность или полноту каких-либо теорий. Помимо чисто теоретических результатов, представляющих интерес в первую очередь для физиков и математиков, в них содержатся универсальные методологические положения, которые могут быть использованы при решении прикладных инженерных, управленческих или экономических задач. Более того, эти результаты позволяют по-новому понять определенные феномены в, казалось бы, очень далеких от формальных наук областях искусства - поэзии и живописи.

Принцип неопределенности Гейзенберга [12, 13] в физике гласит, что невозможно для частицы одновременно точно определить положение q и импульс p. Чем точнее мы определяем ее положение, тем меньше мы знаем об импульсе, и наоборот. Гейзенберг распространяет эти ограничения на основные динамические переменные, характеризующие физические системы - временные и пространственные координаты q и t, а также импульс и энергию p и E:

$$\Delta p \Delta q \sim h$$

$$\Delta t \Delta E \sim h$$

где
h - постоянная Планка.

Можно считать, что методологический смысл принципа Гейзенберга заключается в том, что при проектировании систем мы должны постоянно учитывать эффект взаимосвязанных параметров, чтобы при увеличении точности определения одного параметра не потерять значение другого.

В математике в 1931 году Курт Гедель [11] доказал теоремы о *непротиворечивости* и *неполноте*, которые, если сформулировать их неформально, гласят, что любые непротиворечивые аксиоматические формализации в теории целых чисел содержат независимые высказывания, которые нельзя ни доказать, ни опровергнуть в рамках данной формализации и, если формализация в теории целых чисел непротиворечива, то она неполна. В программировании теоремы Геделя подтверждаются вполне конкретными практическими знаниями того, что в настоящее время не существует никаких способов доказательства корректности и результативности реальных программ, иначе как через их выполнение. Если считать, что эти теоремы верны применительно к методам построения формальных систем грамматического анализа естественных языков в математической лингвистике, мы никогда не сможем построить полную и непротиворечивую лингвистическую систему, способную в полном объеме понимать и интерпретировать живую речь на базе тех принципов, которые используются в их основаниях.

Можно найти множество подтверждений справедливости этих ограничений в программировании. Закон Брукса о том, что трудоемкость при разработке программ увеличивается в 10 раз по мере превращения простой программы в системный программный продукт, отражают тот факт, что стремление получить абсолютный и завершенный продукт неожиданно приводит к существенным затратам на, казалось бы, заключительном этапе интеграции. Брукс, анализируя изолированные программные системы на примере операционной системы *IBM OS/360*, еще в шестидесятых годах показал, что не существует такого программного продукта, который можно было бы считать завершенным - постоянно изменяющаяся внешняя среда приводит к необходимости постоянно добавлять или модифицировать свойства программ.

Принцип неопределенности Гейзенберга и теоремы Геделя образуют конструктивную методологическую основу, используя которую проектировщики могут определить архитектурные ограничения и сконцентрироваться на направлениях, позволяющих получить практические результаты оптимальным путем. В задачах интерактивного взаимодействия значение таких ограничений трудно переоценить. Действительно, с одной стороны, существует постоянное стремление к повышению точности определения значений слов и понятий в классической лингвистике (языкознании), а с другой - аналогичное стремление к созданию полной формальной теории языков, в рамках которой можно было бы определить семантику и прагматику процесса общения в математической лингвистике.

При проектировании интерактивных систем с применением различных форм организации диалога программисту в одинаковой мере могут понадобиться знания формальных методов построения и использования грамматик, равно как и фонологии, лексики и семантики из теории языкознания. При этом для программиста, как и для прикладного специалиста в традиционных инженерных областях, принципиально важным условием успешного решения является нахождение «*золотой середины*» среди множества различных, зачастую противоречивых теоретических и прикладных знаний. Языкознание и математическая лингвистика в определенной степени напоминают физику и математику, поэтому аналогии между принципом Гейзенберга и теоремами Геделя нам нужны для того, чтобы при проектировании прикладных интерактивных систем мы могли использовать разумные ограничения и оптимальные сочетания результатов исследований в языкознании вместе с формальными методами анализа и синтеза из математической лингвистики.

Так, при помощи разнообразных словарных систем (например, *Wordnet* [9]) мы можем создавать достаточно глубокие дефиниции и уточнения значений слов. При этом, словарные системы представляют лишь статические характеристики слов или словоформ в отрыве от их динамических связей, которые могут образовывать весьма сложный контекст, влияющий на комплексное восприятие и понимание в процессе живого общения. Принцип Гейзенберга применительно к лексическому анализу может быть сформулирован следующим образом: чем точнее мы определяем статическое значение конкретного слова в потоке живой речи, тем меньше мы знаем о его контекстном смысле. Точное статическое значение слова в динамическом окружения так же невозможно определить, как и установить точные координаты движущейся частицы:

$$\Delta m \Delta c \sim l$$

где

l - *некоторая лингвистическая постоянная (шум);*

m - *статическое значение слова;*

c - *контекстный смысл.*

Наличие вышеперечисленных ограничений позволяет существенно упростить моделирование интерактивных систем, однако при этом выбор и определение конкретных способов моделирования, степени формализации и глубины лексических представлений целиком зависят от индивидуального автора. И здесь можно вспомнить, что один из самых фундаментальных трудов по программированию называется - *"The Art of Computer Programming"*. Монография «*Искусство программирования*» Дональда Кнута оказала существенное влияние на формирование программирования как научно-технической дисциплины. Кнут называет программирование - искусством и считает, что программы могут содержать математические алгоритмы, быть оптимизированы при помощи математических методов, но при этом относиться к таким же произведениям искусства, как поэзия или музыка.

Искусство обладает удивительной способностью соединять несовместимое и создавать образы, передающие информацию, самым неожиданным способом. Неудивительно, что такая выразительная способность привлекала интерес многих математиков и представителей других точных наук. Среди этих исследований для нас особый интерес представляют работы Б. В. Раушенбаха по зрительному восприятию в живописи [35, 36], в которых он последовательно анализирует перцептивные и объективные модели пространства и их возможные представления в головном мозге человека. Рассматривая задачу художественного изображения объемного трехмерного мира на плоскости рисунка, Раушенбах приходит к неожиданным заключениям, которые могут оказаться весьма полезными при моделировании лингвистических процессов.

Зрительное восприятие основано с одной стороны, на хорошо изученных оптических преобразованиях в глазе, а с другой - в нем участвуют куда менее понятные процессы обработки зрительных образов в головном мозге. В физиологии, психологии, физике и математике можно найти множество разнообразных моделей, имеющих отношение к зрению, однако их объединение в одно целостное представление да сих пор является весьма сложной задачей.

Математические модели зрительных образов рассматриваются в геометрии, где в зависимости от выбора аксиом можно получить геометрии Эвклида, Лобачевского, Минковского и других, в которых учитываются различные теоретические и объективные свойства реальности. Из психологии и физиологии хорошо известны факты о том, что внутреннее представление и объективный реальный образ могут существенно отличаться друг от друга. Человек восстанавливает трехмерное пространство, используя двухмерные зрительные сенсоры. Искажения, которые вносит головной мозг в зрительные представления, служат для более эффективного моделирования реальности, которое являясь индивидуальным, зависит от многих условий.

Если зрительное восприятие можно назвать прямой задачей, то художники решают обратную задачу отображения на двухмерной поверхности картины некоторых событий или свойств внешнего мира, которые в общем случае, помимо трехмерных геометрических свойств, могут включать динамику движения, время и целый ряд других факторов, совокупность которых создает художественный образ. Рассматривая процесс создания художественных изображений, Раушенбах анализирует свойства объективного и перцептивного пространств и приходит к интересному заключению: поскольку геометрические свойства реальных объектов и их перцептивных образов принципиально отличаются, художникам приходится постоянно находить индивидуальные решения для создания иллюзии единства двух различных геометрических представлений.

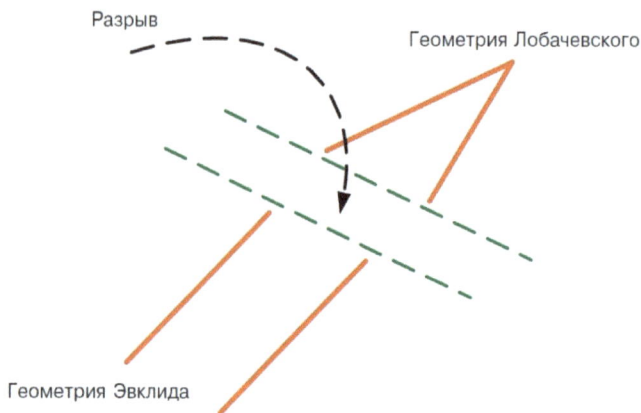

Рис. 43. *Разрыв в двух геометрических представлениях в живописи*

Анализируя свойства переднего и заднего планов картин, зрительного восприятия в целом, Раушенбах показывает наличие разрывов между двумя различными геометрическими моделями (рис. 43), которые художники, осознанно или интуитивно, соединяют, решая при этом проблему совмещения двух геометрий - Эвклида и Лобачевского.

По представлениям Раушенбаха существуют два основных способа передачи объективного пространства - чертеж, передающий объективную геометрию, и рисунок, передающий геометрию перцептивную. Таким образом, один и тот же предмет можно изобразить двумя способами - в чертеже и в рисунке, и при этом оба изображения будут верны, что и использовали художники, во все времена экспериментируя с их различными сочетаниями.

На протяжении многих веков художники, решая крайне сложные задачи моделирования многомерных образов, демонстрируют торжество здравого смысла над односторонними знаниями. Понимая парадоксальность определенных форм и методов, художники находят разнообразные искусственные приемы, позволяющие устранять разрывы и соединять несовместимые части в гармоничное целое. Искусство программирования в этом смысле можно в полной мере сравнить с искусством живописи. В информационных системах приходится преодолевать разрывы и сочетать методы и подходы в такой же степени противоречивые и казалось бы несовместимые как геометрии Эвклида и Лобачевского в живописи. При этом программистам приходится решать практически эквивалентную задачу отображения сложных многомерных динамических процессов в информационные представления, обладающие более низкой размерностью.

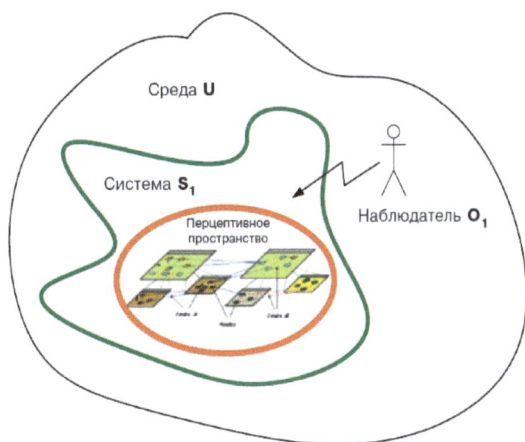

Рис. 44. *Перцептивное пространство в интерактивной системе*

Введем в состав нашей информационной системы перцептивное пространство (рис. 44), в котором будет осуществляться моделирование представлений и знаний о внешнем мире. Для создания целостной системы, способной к осмысленному реагированию, нам необходимо будет объединить структурные компоненты математической лингвистики, словари и тезаурусы, классы и методы объектно-ориентированного программирования вместе с нейронными моделями.

Современные методы математической лингвистики с достаточной эффективностью позволяют анализировать и синтезировать сравнительно короткие фрагменты речи. С другой стороны, нейронные модели и семантические сети позволяют создавать и поддерживать достаточно глубокие контекстные представления. Мы будем понимать под

99

перцептивной лингвистикой объединение методов математической лингвистики и нейронных моделей, способное создавать и поддерживать перцептивные пространства в информационных системах.

Так же как проекции двухмерных зрительных образов позволяют воссоздать трехмерное изображение, а чертежные знаки и дополнительные детали (перспектива, цвет, и т. п.) позволяют воссоздать полную картину реального объекта, нейронные проекции и связанные с ними параметрические таблицы и процедуры реагирования позволяют получить представление о многомерных свойствах информационных объектов, событий, процессов и их реакций.

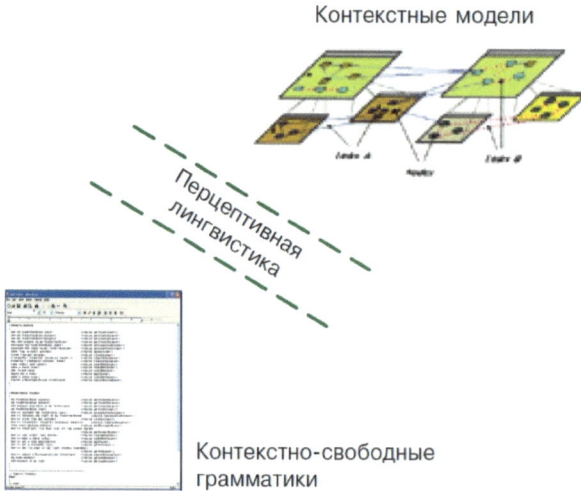

Рис. 45. *Перцептивная лингвистика – объединение контекста и контекстно-сводных грамматик*

Практическое воплощение перцептивной лингвистики в нашем случае представляет собой внутрисистемный интерфейс, позволяющий унифицировать поток сообщений/реакций и объединить контекстно-независимые грамматики с динамическим контекстом нейронных моделей. Например, мы можем использовать грамматики распознавания речи для анализа потока голосовых сообщений и при помощи

100

нейронных моделей динамически расширять их в зависимости от конкретного контекста в процессе общения.

КОНТЕКСТЫ И ВРЕМЕННАЯ ЛОГИКА

В практике программирования хорошо известны примеры успешного применения нейронных моделей при решении задач классификации и распознавания образов. Однако искусственные нейроны могут быть не менее эффективно использованы для построения более широкого класса динамических систем, включая интерактивные и диалоговые системы. Как уже отмечалось выше, обмен сообщениями в процессе диалога приводит к изменению внутреннего состояния участвующих в этом обмене систем. При этом изменения могут происходить не только в системе, получающей сообщения, но и в системе, которая эти сообщения инициирует. Такие изменения, во всей их совокупности, образуют контекст конкретного взаимодействия. В общем случае в этом процессе может участвовать произвольное количество систем, однако мы ограничимся рассмотрением случая обмена сообщениями между двумя системами (рис. 46).

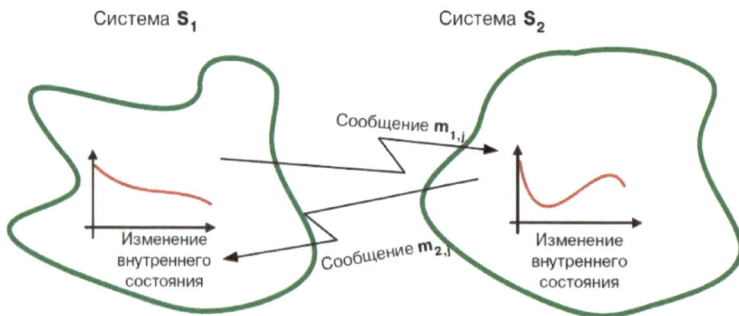

Рис. 46. *Интерактивный обмен сообщениями между двумя системами*

Очевидно, что синтез и анализ сообщений в этих системах должен происходить в зависимости от контекста, который, в свою очередь, может быть определен набором соответствующих параметров. В реальных системах контекст представляет собой сложную динамическую структуру. В него может входить информация о разнообразных характеристиках и свойствах обсуждаемой предметной области, а также об отношении к ним сторон, участвующих в обмене.

Примерами контекста могут служить время, место, модель, стоимость, в такой же степени, как и лингвистические свойства сообщения, такие, например, как принадлежность к той или иной лингвистической группе - вопрос, утверждение, приветствие и т. п.

Моделирование контекстов, отражающих смысл текущего разговора, является одним из ключевых факторов, определяющих эффективность интерактивного процесса. Рассмотрим некоторые особенности различных методов моделирования, которые могут оказаться полезными при практическом построении интерактивных систем.

Логическое моделирование. При логическом моделировании контекстов, например, в среде языков программирования, задача в конечном итоге сводится к нахождению множества логических функций, включающих переменные, характеризующие контекст взаимодействия. При изменении значений этих переменных, в результате вычисления логических функций может быть выполнена та или иная процедура P_i, отвечающая за реакцию соответствующего состояния системы. Если предположить, что существует n переменных, определяющих контекст системы S_i, тогда задачу вызова процедур P_i можно свести к нахождению и последующему решению логических функций:

$$if \ (f_1 \ (X_1, X_2, ... X_n)) \ then \ P_1$$
$$if \ (f_2 \ (X_1, X_2, ... X_n)) \ then \ P_2$$
$$...$$
$$if \ (f_m \ (X_1, X_2, ... X_n)) \ then \ P_m$$

При использовании нечетких и временных логик для сравнительного небольшого и ограниченного набора переменных можно получить вполне приемлемые решения. Однако при увеличении количества переменных и взаимосвязей между ними происходит лавинообразное увеличение сложности, в результате чего общее решение на основе логического моделирования оказывается практически невозможным. В реальных системах количество переменных,

103

влияющих на контекст, может насчитывать несколько тысяч, при том что количество связей между ними может быть такого же порядка. Наиболее сложным при программировании таких логических функций является открытый характер систем, что предполагает постоянное изменение как количества внутренних переменных, так и взаимосвязей между ними.

Аппаратное моделирование. При использовании аппаратных моделей, в распоряжении проектировщиков имеются различные функциональные и логические, в том числи и аналоговые, элементы - память, дешифраторы, задержки, преобразователи и т. п., в основе работы, которых лежит последовательная логика. При проектировании аппаратных систем одним из наиболее критических факторов является время. Распространение сигналов, логика срабатывания функциональных элементов, переходные процессы при переключениях - все это имеет определенные временные характеристики, учет которых приводит к необходимости применения синхронизаций, стробирования, задержек и других способов, позволяющих получать логические решения в условиях реального времени.

Различия между аппаратным и логическим моделированием, связанные с фактором реального времени, имеют фундаментальный характер. События в аппаратных системах имеют естественную асинхронную природу, в отличие от логического моделирования в программных средах, где практически всегда существует возможность упорядочить потоки событий при помощи подсистем планирования и управления очередями. Анализ временных диаграмм с целью их синхронизации является одним из основных методов проектирования в аппаратном моделировании. Для этого в процессе моделирования совмещают логические схемы и временные диаграммы. На рис. 47 приведен пример такого совмещения, где в качестве последовательного логического элемента выбран простейший двоичный счетчик.

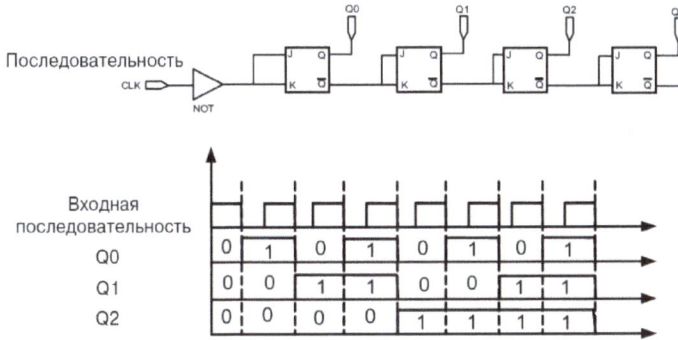

Рис. 47. *Пример двоичного счетчика и его временная диаграмма*
(http://www.ets.ifmo.ru:8101/denisov/lec/lec4.htm)

Существует еще одна область человеческой деятельности, где формальные нотации и определенным образом связанные последовательности исполнений самым тесным образом синхронизированы в реальном времени. Речь идет о музыке, где используется своеобразная языковая формализация нотных записей, и, если так можно выразиться, технология проектирования музыкальных произведений, в общих чертах, очень похожа на технологию аппаратно-программного проектирования логических устройств. Роль логики в музыке исполняет гармония, в которой определяются аксиоматические основания для законов объединения звуков и созвучий в последовательности, в рамках той или иной музыкальной теории. Как и в математической логике, в музыке существуют свои аксиоматики, языки, теории построения и интерпретации.

Если рассмотреть музыкальные нотации с точки зрения формальных языков, то можно считать, что ее алфавит состоит из множества нот определенной частоты и длительности. В отличие от классической операции конкатенации, которая определяется в теории формальных языков как операция соединения символов в последовательности, в музыкальных нотациях конкатенация является многомерной, то есть ноты могут быть соединены в цепочки во многих направлениях. В целом же музыкальные произведения похожи на программы и их языковые конструкции могут быть интерпретированы параллельно и асинхронно.

105

Рис. 48. *Временное программирование в музыке Copyright (c) 1999 James Ingram (http://www.thenotationoftime.de/Website19992004/devmus.htm)*

Способы описания параллельных и асинхронных исполнений, применяемые в музыке, представляют особый интерес для нейронного моделирования. На рис. 48 показан пример музыкального произведения и временная диаграмма последовательности нот в форме амплитудно-временных характеристик из работы Джеймса Инграма *"The Notation of Time"* [14].

Исполнение музыкальных произведений можно рассматривать как множество развивающихся во времени параллельных процессов, порожденных на основании исходных нотных текстов. Каждый из этих процессов состоит из последовательности возбуждений и торможений некоторых музыкальных объектов, которые обладают в целом сравнительно небольшим динамическим набором хорошо формализуемых акустических свойств. Если считать, что каждый такой процесс последовательно возбуждает и затем определенным образом изменяет амплитуду звука в соответствии с партитурой, мы можем представить музыкальное исполнение в виде трехмерного пространства процессов, как это показано на рис. 49.

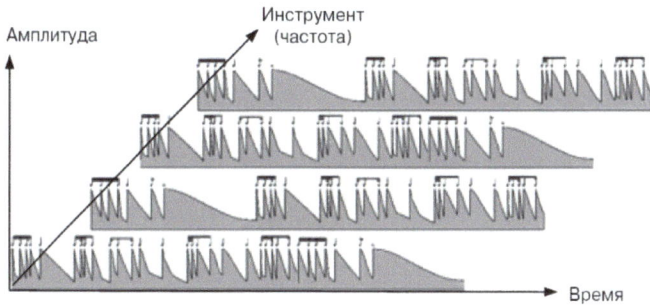

Рис. 49. *Амплитудно-частотное представление исполнения музыкального произведения*

Здесь будет уместно привести в качестве примера рисунок И. Стравинского из его книги *"Conversations With Igor Stravinsky"* [25], характеризующий его представление о гармонии и способах развития музыкальных тем как процессов, развивающихся во времени и пространстве.

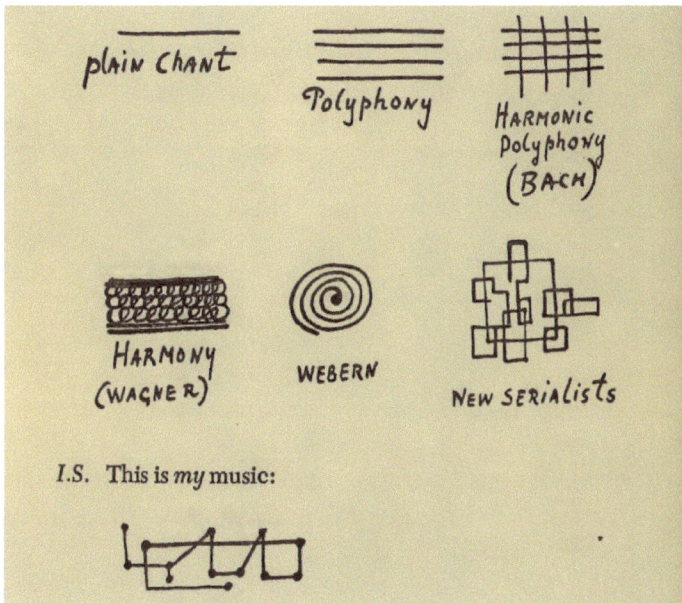

Представления Стравинского о разнообразных формах построения музыкальных произведений могут быть использованы при организации диалога между человеком и информационной системой. Опираясь на его представления о динамике развития музыкальных произведений, можно получить множество различных архитектурных решений организации диалогов - простые линейные разговоры, параллельные линейные непересекающиеся темы, линейно-связанные темы, и т. п.

В нотах и их музыкальных интерпретациях сочетаются дискретные, формально-логические описания, которые задает автор и аналоговое параллельное исполнение, интерпретирующими эти партитуры музыкантами. Если сравнить рис. 47, где представлена амплитудно-частотная характеристика музыкального исполнения и рис. 24, на котором показано развитие возбуждений в нейронах, то можно увидеть, насколько эти две модели похожи. Нейроны обладают очень близкими к нотам свойствами и характеристиками, а их способность к возбуждению и торможению позволяет говорить об возможности применения некоторых из формальных свойств музыкальных моделей в нейронном программировании.

Сравнительно простой нотный язык позволяют создавать необыкновенное разнообразие музыкальных композиций - от незатейливых мелодий до чрезвычайно сложных симфонических произведений, при этом в нем можно выделить несколько характерных отличий от свойств языков программирования.

1. Нотный алфавит включает в себя элементы, обладающие временными свойствами.
2. Конкатенации элементов алфавита в цепочки могут иметь несколько направлений.
3. Пространство, где осуществляется исполнение нотных записей, является многомерным.
4. Форма записи (нотный стан) обладает возможностью создавать большое количество параллельных процессов и синхронизировать их исполнение.

В нотном языке, как и любом другом, можно создавать конструкции, обладающие определенными свойствами, и проводить их анализ, применяя различные формальные или неформальные методы. Для нейронных моделей должен существовать не менее эффективный способ описания, временная логика и язык, в котором можно создавать временные конструкции, применяя которые можно проводить анализ и синтез нейронных структур. Фактическое подобие нейронных и музыкальных моделей позволяет воспользоваться некоторыми музыкальными приемами и методами, применительно к формальным методам описания и интерпретации нейронных систем.

По сравнению с музыкальными системами, нейронные модели обладают еще более высоким уровнем динамизма - в нейронных моделях сама *партитура* может развиваться и модифицировать свои свойства во времени. Способность нейронов к клонированию и динамическому установлению связей с другими нейронами позволяет говорить о программировании программ в полном смысле этого понятия.

Рассмотрим в качестве примера клонирование некоторых основных типовых нейронных структур. В вычислительной технике в качестве простейшего запоминающего элемента используется триггер - устройство из двух базовых логических элементов, способное сохранять одно из n устойчивых состояний и переключаться в зависимости от входного сигнала. Для построения триггера применяются обратные связи, соединяющие попарно выходы логических элементов, с входами, отвечающими за сброс данного элемента в нулевое состояние. На рис. 50 показаны простейший двоичный R-S (*Set-Reset*) триггер и его двоичный нейронный эквивалент.

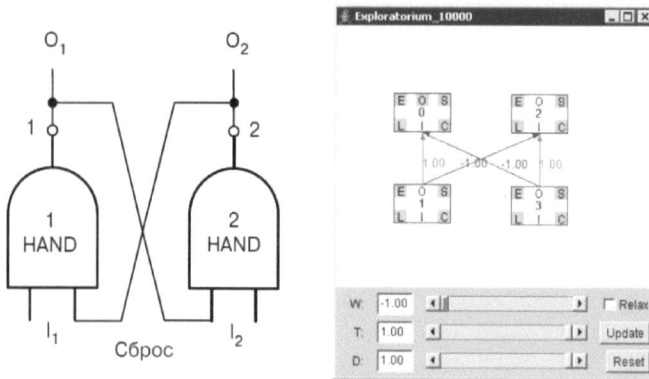

Рис. 50. *Электронный триггер и его нейронный аналог*

Для построения нейронного эквивалента двоичного триггера понадобятся четыре нейрона, соединенные попарно, причем прямые связи имеют веса: $w_{0,1}$ и $w_{2,3}$, равные $+1$, а обратные - $w_{0,3}$ и $w_{2,1}$, равные -1. При таком соединении, в случае возбуждения нейрона 0, что соответствует единичному сигналу на входе I_1 (предполагается, что пороговое значение нейрона равно или меньше уровня входного возбуждения), нейрон 0 распространит возбуждение через все свои выходы. При этом нейрон 1 получит положительный единичный входной сигнал, который переведет его в возбужденное состояние, а нейрон 3 получит отрицательный единичный сигнал, который сбросит его возбуждение, если этот нейрон был возбужден перед этим. Точно так же работает нейрон 2. Таким образом, эта схема полностью повторяет работу триггера.

В отличие от абстрактного логического элемента, нейронный триггер имеет дополнительный параметр - время переключения, управляя которым можно получать различные временные задержки. Замкнув пару триггеров в кольцо, можно получить сетевую петлю - модель бесконечного цикла. Интерпретация петель, или бесконечные циклы, в нейронных моделях имеют практический смысл. Поскольку в них присутствует время, бесконечный цикл может быть использован как синхронизатор различных процессов и событий, поскольку большинство операций в нейронном программировании зависит от времени, в отличие от оператора в языках программирования, где большинство операций должны быть инвариантны ко времени.

Рассмотрим подробнее процесс создания нейронных компонент. Двоичный нейронный триггер легко расширить и получить многовходовой запоминающий элемент для *n* состояний. На рис. 51 показано решение для нейронного триггера, имеющего шесть состояний. Используя *НЭС*, мы можем достаточно легко построить двоичный нейронный триггер, клонируя прото-нейрон и последовательно соединяя пары нейронов в полученной группе, задавая веса связей соответственно *+1* и *–1*. Однако если мы захотим построить нейронный триггер, имеющий 100 состояний, ручное программирование вряд ли можно считать целесообразным. На первый взгляд может показаться, что эту задачу достаточно просто решить традиционными программными методами. Действительно, если существует программа-эмулятор, в которой поддерживаются нейронные модели, то очевидно, что внутри этой программы возможно создать подпрограмму или метод, способные построить такой триггер, например, следующим образом:

```
Number_of_States = 100;
for (i := 1; i <= Number_of_States*2; i++)
{
    make_New_Neuron(i);
}
for (i := 1; i <= Number_of_States; i++)
|{
    for (j := Number_of_States+1; j <= Number_of_States*2;
i++)
{
        w = -1;
        if (j == i + Number_of_States) w = 1;
        make_New_Nerve(i, j, w);
    }
}
```

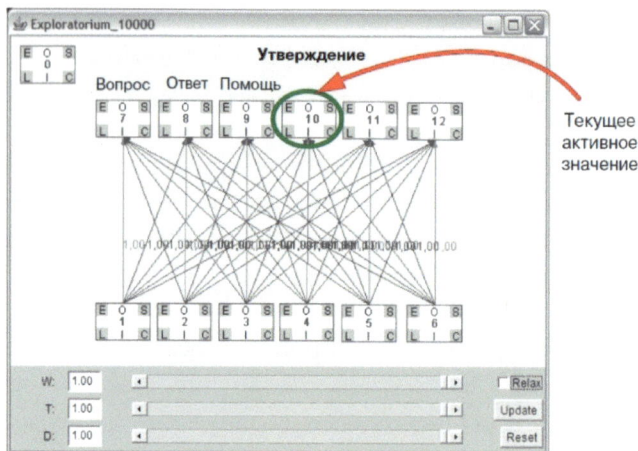

Рис. 51. *Система из шести нейронных триггеров*

Выполнение такой программы возможно либо непосредственно в теле нейронной оболочки, либо нам понадобится интерфейс, похожий на *SQL/ODBC*. В любом случае, если программирование регулярных нейронных структур можно свести к достаточно простым программам, сложные нерегулярные структуры приведут к существенному усложнению алгоритмов и собственно программирования.

Используя механизм клонирования и временных задержек, это же решение может быть достигнуто иным способом.

Если соединить вместе временную логику клонирования и гармонические законы музыки, то программисты смогли бы создавать последовательности, управляющие развитием нейронных систем, и при этом проверку качества решения, отладку и выявление ошибок можно было бы осуществлять в той же форме, как это делают композитор и дирижер. Можно предположить, насколько эстетичнее был бы такой процесс программирования!

КЛОНИРОВАНИЕ

Способность нейронов к клонированию открывает возможности для создания сложных многосвязных структур по аналогии с тем, как это происходит с синтезом белков в биологических организмах. Перед тем, как перейти к анализу программных методов клонирования, рассмотрим, как происходит этот процесс в биологических системах. Можно отнести к самым выдающимся в истории человечества открытие Дж. Уотсоном и Ф. Криком [29] двойной спиральной структуры соли дезоксирибонуклеиновой кислоты (ДНК), которая лежит в основе воспроизведения биологических клеток. На рис. 52 показано структурное (а), молекулярное (б) и информационное (в) представления этой молекулы. Какими бы сложными ни были структура и организация цепи ДНК, с точки зрения программирования она представляет собой последовательность кодов, которые могут быть интерпретированы исполнительным механизмом - процессором, роль которого в клетке выполняют рибосомы.

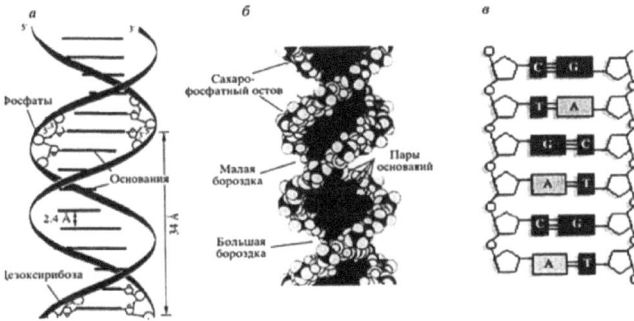

Рис. 52. *Три представления ДНК Copyright (c) 2003 Е.Д. Свердлов (http://www.ibmh.msk.su/vivovoco/ VV/JOURNAL/VRAN/DNA/NA.HTM#zero)*

Если считать, что рибосома - это исполнительный процессор, а молекула РНК - программа, то синтез белков является ничем иным, как параллельным исполнением последовательности кодов, записанных на носителе - ленте РНК, полученной путем копирования части другого носителя - ленты

ДНК. Все остальные детали, связанные с процессом непосредственного химического синтеза, для программистов не представляют особого интереса, так же, как и собственно природа исполнения команд в любом процессоре - будь это биологическая рибосома или кремниевый *Intel 8080.*

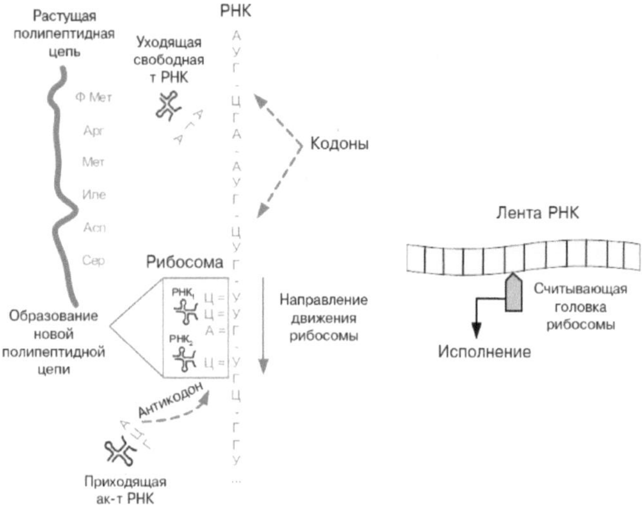

Рис. 53. *и ее программное представление Copyright (c) Большая Советская Энциклопедия (трансляция в биологии)*
(http://encycl.yandex.ru/art.xml?art=bse/00080/15000.htm&encpage=bse)

На рис. 53 показан процесс синтеза белков из последовательностей троек нуклеотидов - кодонов, отвечающих за присоединение соответствующих аминокислот, из которых в конце концов и формируются белки. Количество кодонов можно считать соизмеримым с количеством кодов в сложных программах, таких, например, как операционная система. Единственное отличие между современным процессором и внутриклеточными процессами - это скорость интерпретации. Можно считать, что в основе деления клеток лежит процесс интерпретации достаточно простых кодов, образующих очень длинные последовательности. При этом в биологических системах важную роль играют внешние факторы - ферменты, электромагнитные поля и другие, которые можно представить как дополнительные параметры, влияющие на исполнение.

114

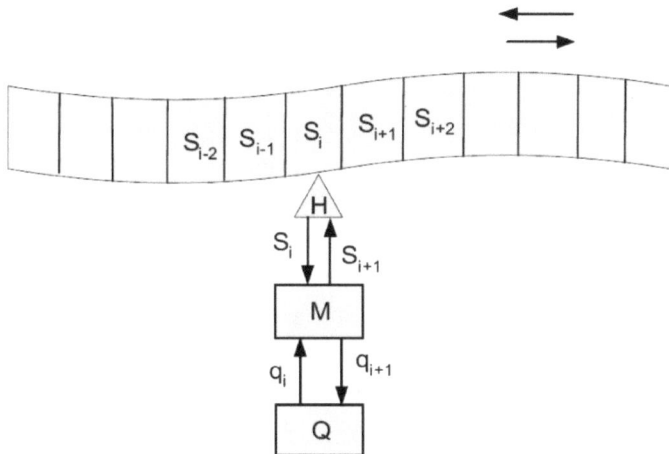

Рис. 54. Схема работы системы Тьюринга

Если сравнить процесс синтеза белка в клетке и вычислительную систему Тьюринга [28], можно увидеть, что между ними существует много общих структурных-функциональных свойств. Система Тьюринга (рис. 54) включает в себя вычислительную машину и ленту, состоящую из множества ячеек, в которых могут быть записаны символы. В каждый момент времени вычислительная машина обрабатывает одну ячейку ленты, содержащую один символ - $S(i)$ и характеризуется состоянием q_i из конечного множества состояний q_n. Поведение машины определяется набором команд, которые определяются парой q_i, $S(i)$. В зависимости от конфигурации, в которой она находится, машина может сдвигать ленту вправо или влево, записывать или считывать символы в ячейки и изменять свое состояние (конфигурацию). Эта машина является элементарной системой программирования, которую А. Тьюринг использовал в первую очередь для того, чтобы уточнить понятие алгоритма и вычислимости. Несмотря на чисто теоретический характер его работы и примитивность базовых операций, мы можем использовать модель машины Тьюринга для построения практического механизма клонирования искусственных нейронов.

115

Рис. 55. Очередь входных сигналов

Расширим внутренний механизм сенсорного реагирования нейрона, добавив к каждому сенсору входную очередь, способную хранить внутри себя последовательности временных задержек, которые будут определять время, по истечении которого, данный сенсор нейрона будет возбужден (рис. 55). Будем представлять входные сигналы как пару - время задержки и амплитуда (t_i , a_i). При этом, амплитуда входного сигнала должна быть нормирована от *−1* до *+1*, а время задержки должно быть задано в виде целого числа в миллисекундах. Например, мы можем загрузить в магазин, связанный с сенсором возбуждения, последовательность (*10000, 0,5*), (*5000, 1*), (*2000, −1*). В этом случае нейрон возбудится последовательно три раза, через *10* секунд с уровнем возбуждения *0,5*, затем через *5* секунд с уровнем возбуждения *1* и еще через *2* секунды с уровнем возбуждения *−1*.

Очевидно, что добавление в модель нейрона очередей входных сигналов, обладающих временными характеристиками, предполагает наличие механизма внутренней и внешней синхронизации. Синхронизация является одним из фундаментальных свойств реальных систем, будь то биологические, социальные или технические устройства. Очереди сигналов, связанные с сенсорами внутри нейрона, позволяют перейти к построению более общей модели клонирования, способной к воспроизведению сложных структур, на основе сравнительно простых последовательностей кодов, которые могут быть представлены в виде ленты, по аналогии с биологическими и математическими лентами, рассмотренными выше.

Допустим, что в момент возбуждения сенсора Клон (см. рис. 33) нейрон, прежде чем выполнить операцию клонирования, постарается найти подходящую для него ленту, которую мы будем называть *Neuro_DNA* и, если такая лента существует, выполнить клонирование в соответствии с последовательностью кодов, записанных на этой ленте. Под такой лентой для нейрона будем использовать файл, который может находиться в определенном месте и иметь название: *i.dna*, где *i* - номер нейрона. Ниже приведен фрагмент метода клонирования нейрона, где показано, как происходит чтение файла с данными для клонирования:

```
try
{
    String file_Name = this.id + ".dna";
    FileInputStream fstream = null;
    fstream = new FileInputStream(file_Name);
    BufferedReader in
    = new BufferedReader(new InputStreamReader(fstream));
    String theInput = "";
    while ((theInput = in.readLine()) != null)
    {
            ...
            ...
        this.cloneNode(v_S_DELAY, v_L_DELAY, v_C_DELAY);
    }
}catch (IOException e)
{
    this.cloneNode(null, null, null);
}
```

	Сенсор S	Сенсор L	Сенсор C
Нейрон 1	$(t_1,a_1),(t_2,a_2),...(t_n,a_n)$	$(t_1,a_1),(t_2,a_2),...(t_n,a_n)$	$(t_1,a_1),(t_2,a_2),...(t_n,a_n)$
Нейрон 2	$(t_1,a_1),(t_2,a_2),...(t_n,a_n)$	$(t_1,a_1),(t_2,a_2),...(t_n,a_n)$	$(t_1,a_1),(t_2,a_2),...(t_n,a_n)$
Нейрон 3	$(t_1,a_1),(t_2,a_2),...(t_n,a_n)$	$(t_1,a_1),(t_2,a_2),...(t_n,a_n)$	$(t_1,a_1),(t_2,a_2),...(t_n,a_n)$
...			
Нейрон N	$(t_1,a_1),(t_2,a_2),...(t_n,a_n)$	$(t_1,a_1),(t_2,a_2),...(t_n,a_n)$	$(t_1,a_1),(t_2,a_2),...(t_n,a_n)$

Рис. 56. *Структура файла Neuro_DNA*

Структура файла представляет собой последовательность строк (последовательность символов, ограниченная *CRLF* в *MS Windows*), каждая из которых в свою очередь состоит из трех последовательностей пар, разделенных *LF* (рис. 56).

Алгоритм клонирования нейронов чрезвычайно прост: прото-нейрон, инициированный для выполнения этой операции, начинает читать принадлежащий ему файл *Neuro_DNA*, по мере чтения очередной строки создает клон и загружает в его сенсорные очереди соответствующие последовательности пар задержек и амплитуд сигналов. *Neuro_DNA* можно также представить как линейную последовательность пар, разделенную на под-последовательности двумя типами специальных символов - маркеров.

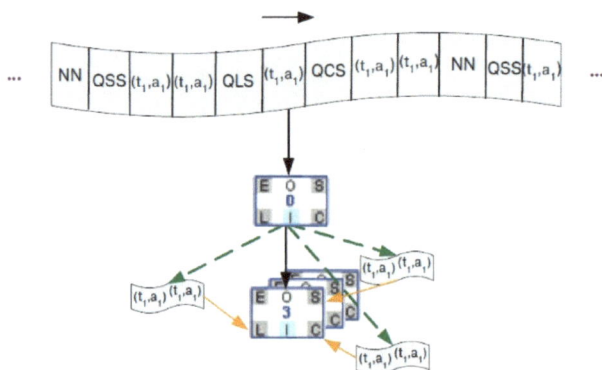

Рис. 57. *Клонирование нейронов протонейроном в результате линейного считывания ленты Neuro_DNA*

Один из этих маркеров - **NN** (*New Neuron*) инициирует создание нового нейрона. Другие маркеры - **QSS**, **QLS** и **QCS** (*Que to Select/Link/Clon Sensors*) определяют сенсор во вновь созданном нейроне, в очередь которого будет записана следующая за этим маркером группа пар.

118

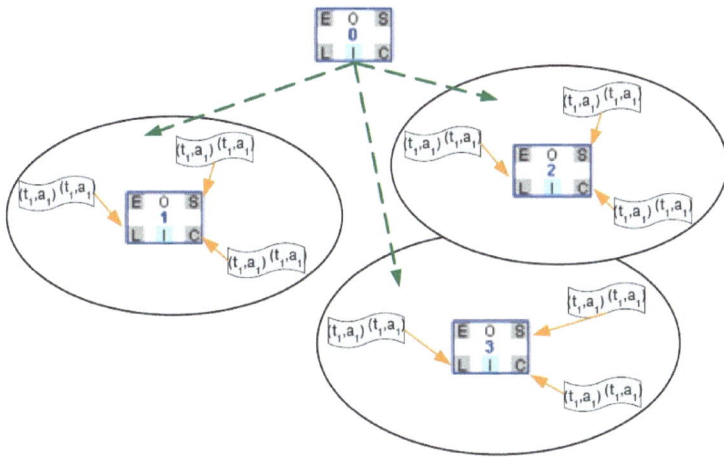

Рис. 58. *Размножение нейронов с заданными временными параметрами*

Конкретный пример файла для протонейрона 0, позволяющий создать нейронный триггер для шести состояний (см. рис. 51), приведен в табл. 3.

Если представить его в табличном виде в формате *Excel* этот файл имеет 12 строк и 3 столбца и в соответствии с этим протонейрон, выполняя операцию клонирования, построит 12 новых нейронов и поместит в сенсорные очереди каждого из них соответствующие последовательности пар задержек и амплитуд. Процесс клонирования, соответствующий структуре связей между 12 нейронами, приведен в Примере 4 *НЭС*. В этом примере если возбудить сенсор **C** (*Clone*) нейрона **0**, возникнет группа, между элементами которой будут установлены связи в соответствии с временными задержками и весами, заданными в файле **0.dna**.

Нейрон	Сенсор S	Сенсор L	Сенсор C
1	(0,0)	(1500,1),(5500,-1)	(0,0)
2	(0,0)	(10500,1),(5500,-1)	(0,0)
3	(0,0)	(20500,1),(5500,-1)	(0,0)
4	(0,0)	(30500,1),(5500,-1)	(0,0)
5	(0,0)	(40500,1),(5500,-1)	(0,0)
6	(0,0)	(50500,1),(5500,-1)	(0,0)
7	(1000,1),(14000,1),(10000,1),(10000,1),(10000,1)(10000,1)	(0,0)	(0,0)
8	(5000,1),(5000,1),(15000,1),(10000,1),(10000,1),(10000,1)	(0,0)	(0,0)
9	(5000,1),(10000,1),(5000,1),(15000,1),(10000,1),(10000,1)	(0,0)	(0,0)
10	(5000,1),(10000,1),(10000,1),(5000,1),(15000,1),(10000,1)	(0,0)	(0,0)
11	(5000,1),(10000,1),(10000,1),(10000,1),(5000,1),(15000,1)	(0,0)	(0,0)
12	(5000,1),(10000,1),(10000,1),(10000,1),(10000,1),(5000,1)	(0,0)	(0,0)

Клонирование и одновременное создание связей между нейронами можно считать аналогом программирования, однако механизмы, которые лежат в основе нейронных процессов, одинаковы как для создания функциональных структур, так и для их исполнения. В нейронных моделях при развитии и модификации внутренних свойств используется тот же механизм возбуждения, что и при реакции на внешние сигналы. Если в вычислительных системах программа и компьютер имеют принципиально различную природу, в нейронных системах создание функциональных структур и их интерпретация осуществляются одинаковым образом. При этом нейронная система является высоко параллельным образованием, после размножения каждый нейрон начинает свой собственный процесс развития.

На рис. 59 показана временная диаграмма образования соединений между нейронами, образующими триггер для шести состояний. Красным цветом показаны возбуждения, в результате которых будут построены положительные связи, а голубым - последовательности возбуждений, которые приведут к созданию отрицательных связей. Период нахождения нейрона в состоянии «*Выбран*», в которое нейрон переходит при возбуждении сенсора S, здесь принят равным 5 сек или *5000* мсек. В данном примере используются относительные временные интервалы, и для согласования возможных потерь в процессе интерпретации (аналогичные переходным процессам в реальных физических схемах) мы будем использовать компенсирующие временные поправки, которые для данного примера равны *500* мсек.

Предполагается, что время клонирования всех нейронов пренебрежимо мало, и в некоторый момент, все они запускают внутренние процессы обработки очередей событий, созданных протонейроном в момент их создания. Через *1000* мсек после рождения нейрон *7* перейдет в состояние «Выбран», в котором он будет находиться *5000* мсек. Через *1500* мсек, нейрон *1* возбудит сенсор L (Построить связь) и в этот момент будет образована положительная связь между нейроном *1* и нейроном 7. Через *5000* мсек возбудятся нейроны *8–12* и через 7000 (*1500 + 5500*) мсек снова возбудится нейрон *1*, в результате чего будут установлены отрицательные связи между нейроном *1* и нейронами *8–12*, и так далее до тех пор, пока не будут образованы все связи этого триггера.

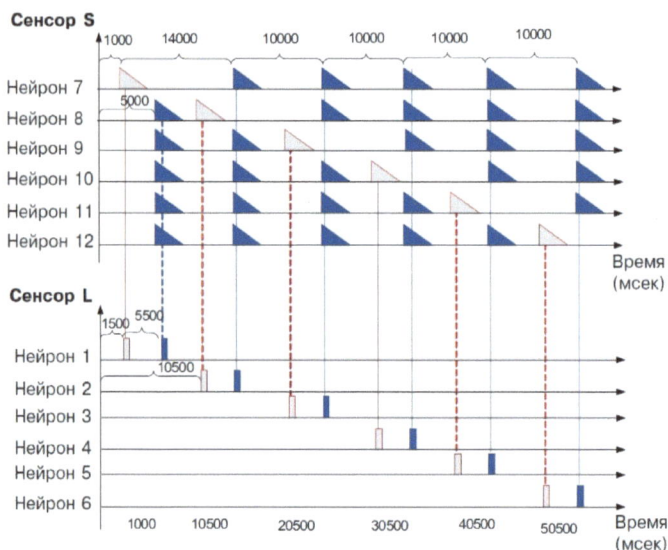

Рис. 59. *Временная диаграмма построения нейронного триггера для шести состояний*

Период времени, в течение которого нейрон имеет возбужденное состояние, может быть выбран за основу для определения базовой частоты синхронизации в модели в целом. В дальнейшем мы будем использовать минимально возможное время, в течение которого нейрон обладает способностью к соединению - τ, как специальную величину, которая зависит от конкретной вычислительной системы и может быть вычислена эмпирически. Например, в нашем случае $\tau = 10000$ мсек.

Таким образом, поведение каждого нейрона может быть представлено в виде последовательности событий, которая может быть синхронизирована с другими нейронами как при помощи относительных временных задержек, так и путем введения глобальных стробирующих последовательностей. Мы будем в дальнейшем использовать комбинированные методы синхронизации, по возможности не усложняя структуру искусственного нейрона без необходимости.

СЕЛЕКТИВНЫЙ КОНТЕКСТ

Какими бы развитыми не были формы общения между человеком и интерактивными системами, без их информационного наполнения предметными данными такие системы имеют весьма ограниченную область применения. Нейронные модели позволяют создавать системы, способные поддерживать сложные динамические контексты. Примером таких систем являются диалоговые и поисковые системы, в которых фразы или поисковые запросы в значительной степени зависят от контекста. Наибольший практический интерес для моделирования виртуальных представителей представляет объединение поисковых методов с диалоговыми формами. Рассмотрим в качестве примера разговор *Покупателя* и *Продавца* в гипотетическом виртуальном магазине:

Покупатель: *Я бы хотел приобрести цифровую камеру.*

Продавец: *Вот, например, несколько камер, с различными качествами. Какая из них Вам больше нравится?*

Покупатель: *Вот эта камера меня устраивает, но нет ли у вас подобной за меньшую стоимость?*

Продавец: *Вот несколько более дешевых моделей.*

Покупатель: *Я бы хотел похожую, только от Sony.*

Продавец: *Пожалуйста, вот эти камеры произведены компанией Sony.*

Покупатель: *Это то, что меня интересует, но мне нужна камера с лучшим увеличением.*

Продавец: *У камеры Sony MVC CD и разрешение прекрасное, и запись осуществляется непосредственно на цифровой диск.*

Покупатель: *Да, все хорошо, только тяжеловата. Нет ли похожей, но получше... и т. д.*

В этом примере можно найти все основные проблемы, с которыми сталкиваются разработчики интерактивных справочных и коммерческих систем в интернете. Чем более образован и информирован покупатель или пользователь, чем шире спектр свойств продукции - тем сложнее процесс выбора, тем больше времени требуется для продавца или специалиста по обслуживанию для удовлетворения запроса и соответственно, тем дороже стоимость обслуживания. Современные формальные методы анализа и синтеза естественных языков не в состоянии предложить решения, позволяющие экономически эффективно конструировать подобные диалоги, в первую очередь потому, что практически каждая фраза в них является контекстно зависимой, с одной стороны, а с другой - данные о продукции должны быть получены из конкретной, как правило, реляционной базы данных, для которой запросы должны быть сформулированы в классической логической форме.

Необходимость соединять данные из реляционных баз вместе с лингвистическими конструкциями, зависящими от контекста, побуждает нас искать новые синтетические методы построения интерактивных систем. Рассмотрим структуру и потоки данных в гипотетической системе, которая способна вести вышеприведенный диалог.

Предположим, что простейшая структура базы данных *"Cameras"* для цифровых камер может быть задана следующими таблицами:

Model	— название камеры (LS443, EasyShare DX4330...)
Make	— производитель (Sony, Canon, Fuji...)
Price	— цена ($400, $1200,...)
Description	— описание
ZOOM	— коэффициент увеличения (2x, 4x, 12x...)
Matrix	— матрица (2MP, 3MP, 4MP...)
SCU	— идентификационный номер

Можно предположить, что *Продавец*, знакомый с *SQL*, мог бы, используя терминал доступа к базе данных, в процессе вышеприведенного разговора посылать запросы и передавать Покупателю результаты. Очевидно, что для такого типа структур баз данных может существовать сравнительно небольшое число вариантов запросов, которые могут удовлетворить большинство покупателей, если заданы конкретные значения переменных, характеризующие текущий контекст данного разговора, например:

```
SELECT * FROM Cameras WHERE Price < $800 AND Price > $300

SELECT * FROM Cameras WHERE Price < $800 AND Price > $300
    AND MAKE = 'Sony'

SELECT * FROM Cameras WHERE Price < $500 AND Price > $200
    AND MAKE = 'Sony' AND ZOOM > 3
...
```

Если *Продавец* будет помнить о производителе, ценовом диапазоне и других характеристиках, которые интересуют *Покупателя*, он всегда сможет сформулировать следующий запрос к базе данных. Однако для того, чтобы ответить на такие, например, вопросы как «*Нет ли похожей, но получше...*», нам придется расширить структуру базы данных и добавить в нее лингвистические (*Fuzzy*) значения [32].

Добавим в структуру нашей базы данных для каждой переменной, которая имеет числовое выражение, ее нормированное представление. Так, например, для переменной *Цена (Price)*, создадим нормированное значение **Price_Norm**, которое может быть вычислено следующим образом:

$$Price\_Norm_i = (Price_i \ Min\_ Price) / (Max\_ Price \ Min\_ Price)$$

где

Price_Norm$_i$ - *нормированное значение (0 >***Price_Norm** *>1),*

125

Price_i - *значение цены для i-ого объекта,*
Max_ Price - *максимальная цена среди множества всех цен,*
Min_ Price - *минимальная цена среди множества всех цен.*

Такие значения могут быть получены для каждой переменной, имеющей числовой тип, включая дату, стоимость, вес и т. п. Пример базы данных, в которой вычислены нормированные значения для нескольких переменных, определяющих свойства цифровых камер, приведен в табл. 4.

Как видно из этого примера, мы можем использовать размытые значения для таких переменных, как *Цена, Коэффициент увеличения, Матрица* и т. п.

Рис. **60**. *характеристики цифровых камер*
Последовательность карт, содержащих

На рис. 60 показана последовательность нескольких записей из базы данных "*Cameras*" в виде карт. Карта представляет собой графический интерфейс к базе данных и содержит поля, позволяющие отображать и модифицировать записи в базе данных. Кроме этого, карта позволяет отобразить нормированную интегральную характеристику каждой конкретной камеры. Таким образом, карта позволяет соединить вместе точные лингвистические характеристики, которые могут быть заданы ключевыми словами - *Sony, CD400* и размытые приближенные значения, позволяющие ввести лингвистические переменные - больше, среднее, лучше и т. п., для которых могут быть заданы области в соответствующих группах нормированных значений.

Таблица 4. Фрагмент базы данных "*Cameras*"

Model	Make	Price	Mtrx	ZOOM	Price_N	ZOOM_N	Mem_N	SCU
LS443	Kodak	$429,99	4	3	0,31	0,29	0,69	41778439289
EasyShare DX4330	Kodak	$296,99	2	3	0,20	0,29	0,20	41771580506
EasyShare LS420	Kodak	$270,99	2,1	2	0,17	0,14	0,22	41778963470
EasyShare CX4230	Kodak	$198,49	2	3	0,11	0,29	0,20	41778843710
Pocket	Logitech	$95,49	1,3	1	0,02	0,00	0,02	97855014672
DiMAGE F100	Minolta	$417,49	4	3	0,30	0,29	0,69	43325992964
DiMAGE 7i	Minolta	$999,00	5	7	0,82	0,86	0,94	43325992988
DiMAGE S304	Minolta	$573,49	3,3	4	0,44	0,43	0,52	43325992247
DiMAGE 7Hi	Minolta	$1196,99	5	7	1,00	0,86	0,94	43325993374
DiMAGE X	Minolta	$389,49	2,1	3	0,28	0,29	0,22	43325992780
Coolpix 4500	Nikon	$631,99	4	4	0,49	0,43	0,69	18208255030
Coolpix 5700	Nikon	$1047,99	5	8	0,87	1,00	0,94	18208255047
Coolpix 885	Nikon	$469,49	3,2	3	0,35	0,29	0,50	18208255054
MVC-CD400	Sony	$890,99	2	3	0,73	0,29	0,20	27242606487
MVC-CD250	Sony	$595,99	2,1	3	0,46	0,29	0,22	27242606524
MVC-CD300	Sony	$858,99	3	3	0,70	0,29	0,45	27242589223
MVC-CD200	Sony	$578,99	2,1	3	0,45	0,29	0,22	27242589247
CyberShot DSC-S75	Sony	$494,99	3,3	3	0,37	0,29	0,52	27242589278
CyberShot DSC-P2	Sony	$390,99	2	3	0,28	0,29	0,20	27242607354

Сочетание точных и размытых характеристик в рамках общей модели данных позволяет существенно расширить возможности интерфейса между пользователем и информационными системами. Реляционные базы данных, традиционно используемые для хранения и поиска данных о разнообразных продуктах, могут быть также использованы для хранения размытых характеристик. Если считать, что точные характеристики могут быть заданы группой ключевых значений K_1, K_2, ... K_i, ... K_n, а размытые значения могут быть заданы группой нормированных значений $F_1, F_2, ... F_i, ... F_n$, то запросы в базу данных для нахождения требуемой записи могут быть объединены вместе и представлены в общем виде как запрос:

SELECT * **FROM** table
WHERE KEY$_i$ **IS LIKE** %K$_i$% ... **AND** ...
(FUZZY$_i$ < F$_i$ + delta$_i$ **AND** FUZZY$_i$ > F$_i$ – delta$_i$) **AND** ...

где

KEY$_i$ - *в таблице базы название поля, содержащего ключевые характеристики;*

K$_i$ - *значение характеристики (точное);*

FUZZY$_i$ - *в таблице базы название поля, содержащего ключевые характеристики;*

F$_i$ - *значение характеристики (размытое);*

delta$_i$ - *диапазон области в размытых характеристиках.*

Такого вида универсальный запрос удовлетворяет широкому кругу потенциальных вопросов, примеры которых были приведены выше. Диапазон в области размытых характеристик (***delta***) задает границы примерной области значений, которая может удовлетворять конкретный вопрос пользователя. Эта величина выбирается исходя из практических соображений и в наших примерах равна 0.1, что составляет 10% от положительного диапазона размытых значений (рис. 61).

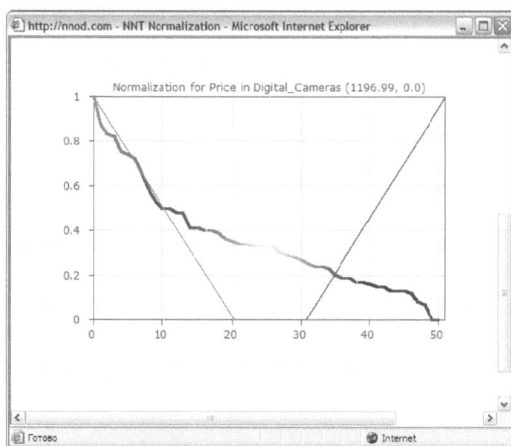

Рис. 61. *Точные и размытые запросы к базе данных*

Таким образом, в каждый момент времени существует множество конкретных характеристических значений, которые задают представление системы о том, что подразумевает покупатель и на основании которых можно выбрать из базы данных группу записей, удовлетворяющих этим представлениям. Мы будем называть такую группу селективный контекст. В процессе взаимодействия между человеком и информационной системой селективный контекст будет изменяться, но мы будем считать, что всегда возможно выбрать из базы данных группу записей (которая может быть и пустой), соответствующую текущему селективному контексту.

Введем для каждого ключевого K_1, K_2, ... K_i, ... K_n, и размытого F_1, F_2, ... F_i, ... F_n значения в нейронной модели соответствующий нейрон N_j, возбуждение которого, определяет: будет ли включено данное характеристическое значение в универсальный SQL запрос. Более того, для размытых характеристик уровень возбуждения нейрона может соответствовать величине F_i размытого значения, и в этом случае:

$$F_i = E(N_j)$$

где

N_j - *нейрон, соответствующий размытому нормированному значению F_i,*

$E(N_j)$ - *уровень возбуждения нейрона, соответствующего данной размытой характеристике.*

Для поддержания пользовать нейронные триггеры, которые позволяют хранить активные динамические состояния, отражающие текущее состояние процесса взаимодействия. С их помощью можно создавать как традиционные статические двоичные запоминающие элементы, так и динамические элементы, возбуждение которых может изменяться во времени в соответствии с внутренним механизмом разряда.

На рис. 62 показан пример структуры нейронных слоев, содержащих две группы - контекстные триггеры для поддержания текущих значений одной таблицы базы данных - точных характеристик (в данном примере - *Производитель/Make*) и единичных нейронов, хранящих текущие значения для размытых характеристик (*Price_N, Zoom_N* и т. д.).

SELECT * FROM ...
WHERE KEY$_i$ IS LIKE %k$_i$% ... AND ...
(FUZZY$_i$ < F$_i$ + delta$_i$ AND FUZZY$_i$ > F$_i$ – delta$_i$) AND ...

SELECT * FROM ... WHERE
 K$_1$ IS LIKE %k$_1$% AND
 K$_2$ IS LIKE %k$_2$% AND ...

SELECT * FROM ... WHERE
 FUZZY$_1$ > F$_{1,1}$ AND FUZZY$_1$ < F$_{1,2}$ AND
 FUZZY$_2$ > F$_{2,1}$ AND FUZZY$_2$ < F$_{2,2}$ AND

Модель...
Производитель...

Дороже...
Лучше...
Для применения в школе

| Kodak | Logitech | Minolta | Sony | Nikon |

| Price_N | Matrix_N | Zoom_N | ... |

Слой ключевых
контекстных триггеров

Слой размытых
нормированных значений

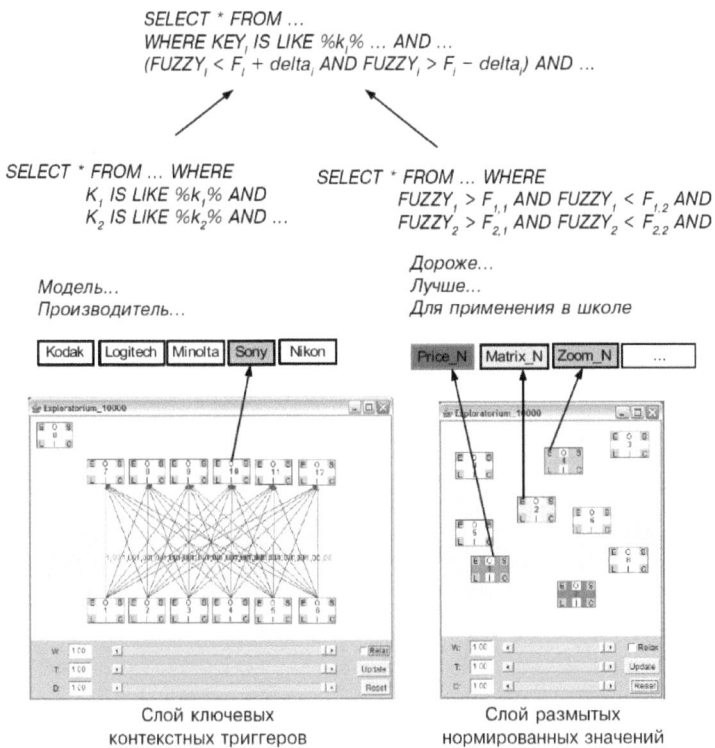

Рис. 62. *Нейронные слои, поддерживающие точные и размытые запросы к базе данных*

ОБРАТНЫЕ СВЯЗИ В ИНТЕРАКТИВНЫХ ПРОЦЕССАХ

В конечном итоге, эффективность интерактивной системы определяется информативностью сообщений, которые эта система способна генерировать в процессе диалога. Поскольку в диалоге участвуют как минимум две системы, для того чтобы диалог между ними имел смысл, каждая система должна оценивать качество создаваемых сообщений и на основании этого осуществлять соответствующие корректировки своего поведения. Природа нейронных моделей дает нам возможность сделать допущение, что хотя бы и в первом приближении, но две системы (человек - компьютер), участвующие в диалоге, воспринимают сообщения на основе одинаковых принципов. Такое допущение позволяет разработать механизм, способный получить в компьютере приближенную оценку связанных с данным разговором информационных процессов, происходящих внутри человека.

Как уже отмечалось выше, *информация есть мера, характеризующая изменения, которые происходят внутри системы в результате получения сообщения.* Такое, на первый взгляд, очень общее определение, оставляет нам большую свободу в выборе методов нахождения этих изменений. Например, для вычисления количества информации можно использовать традиционные способы, основанные на определении информации как меры изменения неопределенности системы. Нейроны представляют собой вычислительные элементы, которые идеально подходят для регистрации и хранения таких изменений. Результат внешнего воздействия в таком случае может быть вычислен как разница между возбуждениями нейронов в определенной области модели до и после этого воздействия.

Предположим, что система S_1 инициирует процесс взаимодействия с системой S_2, и при этом, в системе S_1 существует функция, которая позволяет некоторым способом определять границы ожидаемого результата. Значение этой функции может быть представлено как изменение некоторой величины, имеющей информационный смысл, и выражено в битах. Будем считать, что ожидаемый результат равен *1* биту, если предполагаемый ответ имеет два возможных равновероятных значения. Во многих случаях такой ответ может быть сведен к одному из значений пары да/нет. Если системе S_1 удается сформулировать вопрос в такой форме, что система S_2 способна ответить на него однозначно из набора, состоящего из пары предполагаемых ответов, то фактически при получении такого ответа процесс взаимодействия можно считать завершенным. Система S_1 получает ожидаемое количество информации, и цель взаимодействия при этом достигнута заданием единственного вопроса. Однако в реальной жизни такие ситуации встречаются достаточно редко. В большинстве случаев, ожидаемый результат не сводится к простому двоичному ответу, и с другой стороны, системе S_1 не всегда удается сформулировать вопрос в такой форме, что система S_2 может однозначно на него ответить.

В процессе живого общения люди постоянно уточняют и корректируют цели и соответственно форму и содержание разговора. Такое поведение вполне согласовывается с поведением кибернетических систем с обратными связями. Обратные связи в той или иной форме присущи практически всем сложным техническим, биологическим и социальным системам [30]. Применительно к экономике и финансовым рынкам обратные связи носят исключительно информационный характер, и при этом они оказывают влияние на процессы принятия решений, которые во многом похожи на процессы, происходящие в интерактивных информационных системах при выборе адекватных реакций. Добавление механизма обратных связей в системы интерактивного взаимодействия открывает возможности для применения хорошо развитых кибернетических и математических методов анализа при исследовании и оптимизации их поведения. Однако применительно к нейронным моделям нужно учитывать, что их сложность значительно превосходит сложность систем, которые традиционно рассматриваются в качестве объектов управления.

Обратные связи в диалогах непосредственно влияют на его контекст. Интеграция контекстных полей, которые можно построить используя нейронные модели, вместе с механизмом обратных связей, позволяющим корректировать развитие

133

диалога, качественно изменяет процесс взаимодействия человека и информационных систем.

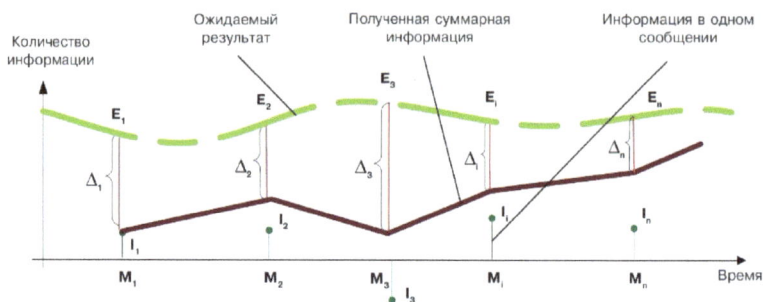

Рис. 63. *Изменение информационного состояния системы в процессе обмена сообщениями*

На рис. 63 показана характеристика процесса общения в системе S_1. Ожидаемый результат может быть представлен как некоторая целевая функция, которая задает предполагаемое значение получаемой информации. Это значение для некоторых случаев может быть известно с достаточно высокой точностью.

Например, если систему S_1 интересует факт наличия какого-либо продукта или наличие определенного свойства у объекта, то в этом случае ожидаемое количество информации будет равно $E = 1$ бит. Вопрос, который система S_1 может задать системе S_2, в этом случае выглядит следующим образом:

Система S_1: *У камеры Nikon Coolpix 5700 увеличение равно 8x?* **Система** S_2: *Да.*

Такого типа вопросы, в которых предполагаемый ответ сводится к выбору из минимального набора возможных вариантов, называются закрытыми. Вопросы, в которых предполагаемый ответ может иметь большую вариативность, называются открытыми.

Очевидно, что если вопрос будет сформулирован в несколько ином виде, ожидаемое количество информации изменится:

Система S_1: *Какое увеличение у камеры Nikon Coolpix 5700?*

Система S_2: *8x.*

В этом случае, ожидаемое количество информации можно оценить приблизительно в 4 бита (если предположить, что существует 16 вариантов увеличения, то используя простейшую формулу вычисления количества информации:

$$E = log_2 \left(P_{\text{до сообщения}} \, / \, P_{\text{после сообщения}} \right)$$

когда $P_{\text{до сообщения}} = 1$ *и* $P_{\text{после сообщения}} = 1/16$

$E = 4$ *бита.*

Если в ответ система S_2 помимо простого ответа добавит еще сведения о цене, наличие этой камеры на складе, и т. п., то в этом случае полученная информация будет значительно больше ожидаемых 4 бит. Например, система S_2 может ответить на этот же вопрос следующим образом:

Система S_1: *Какое увеличение у камеры Nikon Coolpix 5700?*

Система S_2: *8x, и ее стоимость у нас $1047,99. Но я Вам порекомендую DiMAGE 7Hi Minolta за $1196,99.*

В данном случае, мы можем считать, что эта информация может оказаться полезной для покупателя, однако количество полученной информации, очевидно, значительно больше, чем количество ожидаемой информации. Ответ может содержать дополнительные данные, которые с точки зрения системы S_1 могут рассматриваться как информационный шум. Например:

Система S_2: *Это очень хорошая камера, и это разрешение 8x, позволяет делать чудесные снимки. У нас сейчас распродажа и ее стоимость всего $1047,99. Но я Вам порекомендую другую камеру. У меня есть приятель, и он без ума от нее - DiMAGE 7Hi Minolta всего за $1196*

Со своей стороны, система S_1 также может вносить в вопрос информационный мусор:

Система S_1: *Вы знаете, я слышал, что у всех камер Coolpix хорошее разрешение. А самая лучшая из них - это 5700. Вы мне не подскажете, какое у нее разрешение?*

Безусловно взаимодействие человека с интерактивными информационными системами накладывает определенные рамки на форму общения, однако общие принципы информационных оценок процессов обмена информации остаются неизменными. Сообщения, которыми обмениваются системы, будут содержать избыточную информацию, и они также будут содержать информационный шум. Очевидно также, что во многих случаях нам не удастся получить точные информационные характеристики этих сообщений, однако мы должны стремиться к минимизации избыточной информации при генерации ответов. При этом нужно учитывать, что система

S_2 может иметь свое представление об ожидаемой информации в системе S_1, и это позволяет ей строить различные траектории развития диалога и в зависимости от этого предоставлять для системы S_1 дополнительную информацию.

В первоначальном состоянии система S_1 обладает некоторой информацией I_0 об интересующем ее событии. После получения сообщения M_1 система S_1 приобретает некоторую информацию I_1, и переходит в новое состояние, в котором она может послать системе S_2 новый вопрос, в ответ на который она может получить новую дополнительную информацию I_2. В общем случае полученная информация может привести к тому, что общее представление системы S_1 об интересующем событии может уменьшиться. В каждый момент времени существует расстояние Δ_i между текущим информационным представлением системы S_1 об интересующем ее событии и целевой функцией, задающей ограничение на количество получаемой информации.

Таким образом, принцип обратной связи применительно к системам интерактивного взаимодействия может быть сформулирован как стремление минимизировать расстояние Δ_i в каждой точке процесса общения, как системой S_1, инициирующей вопросы, так и системой S_2, отвечающей на эти вопросы и одновременно способной задавать дополнительные вопросы, со своей стороны. Симметричность систем S_1 и S_2 позволяет рассматривать эти системы как равноправные. Действительно, систему S_1 может интересовать нечто в системе S_2, а в свою очередь система S_2 может иметь интерес к информации, которой обладает система S_1.

Поскольку система S_1 и система S_2 могут иметь свои собственные различные цели, и при этом должны моделировать и контролировать как свое собственное поведение, так и поведение партнера по диалогу, задача достижения эффективного интерактивного взаимодействия сводится к поиску оптимальной траектории диалога в условиях существования двух целевых функций, задающих оптимальные информационные коридоры для систем S_1 и S_2.

СОЗНАНИЕ И ПОДСОЗНАНИЕ

Последовательности сообщений, которыми могут обмениваться две системы образуют траектории, которые можно представить как последовательности переходов в некотором пространстве всех возможных состояний P, в которых может находиться данная система. В каждый текущий момент времени состояние P_i, в котором находится данная система мы будем называть активным или сознательным состоянием. Для каждого возможного состояния P_i можно создать соответствующую карту (страницу) C_i, которая может определять реакцию системы. Карта C_i является контейнером данных и программ и может быть загружена в интерпретатор текущего состояния (*активное поле*).

Аналогом пространства P является Интернет, состоящий из множества страниц, которые становятся активными только в тот момент, когда они загружаются в программу просмотра (веб-браузер). Для пользователей Интернет, в каждый момент времени в текущем окне веб-браузера активной является одна страница, из которой возможны гипертекстовые переходы по разным направлениям. Используя такую аналогию, будем считать, что на каждом шаге интерактивного обмена, внутри каждой системы существует объект, аналогичный по своим свойствам текущей странице веб-браузера в Интернете и обладающий способностью генерировать ответ и осуществлять динамический переход к последующему объекту. Нейронные модели при этом служат механизмом, обеспечивающим, с одной стороны, сохранение контекста и смыслового содержания процесса обмена сообщениями, необходимого для генерации ответа, а с другой, позволяют осуществить переход к следующему объекту, отражающему новое состояние системы.

Карты состояний в общем случае могут представлять собой сложные структурные объединения программ и данных, хранимые в формате *DHTML/XML*. Для редактирования и просмотра содержимого карт может использоваться веб-браузер, при помощи которого автор может выполнять все основные операции редактирования и модификации их содержимого. Различные наборы карт приведены в качестве примера в разделе «Демонстрация работы лингвистической нейронной среды»

НЭС. Получаемые в результате *XML*-описания могут быть сохранены в любой подходящей системе хранения данных, к которой может иметь доступ интерпретатор текущего состояния. В отличие от веб-браузера, интерпретатор текущих состояний выполняет действия, в основном связанные с изменением внутреннего состояния всей системы. Он взаимодействует с нейронной моделью, определяет условия перехода в новое состояние и выбора следующей карты, загружает программы для динамического исполнения, принимает входные сообщения и передает выходные сообщения в соответствующие каналы ввода/вывода. В целом, его функции являются достаточно ограниченными, что позволяет рассматривать его как «жесткий» или встраиваемый компонент системы. С другой стороны, форматы карт, содержащиеся в них программы и данные, могут быть как угодно сложными, что делает систему открытой для модификации и расширения.

Интерпретатор текущего состояния (рис. 64) можно рассматривать как аналог человеческого сознания. В каждый момент времени в активном поле интерпретатора содержится текущее полученное сообщение и готовится ответ на это сообщение. В это поле сходятся входные и выходные нейронные слои, и оно имеет доступ ко всему множеству нейронов в рамках активной нейронной модели. В свою очередь нейронные модели можно считать аналогом подсознания. В них происходят массивные параллельные процессы, которые практически невозможно свести к представлениям, которые могут быть выражены в виде аналитических выражений в привычной форме.

Соединение нейронных моделей с активным полем, в котором возможны интерпретации различных программ, открывает возможности для интеграции алгоритмических и нейронных методов в единый комплекс. Выполнение программ, интерпретируемых (скрипты) или предварительно откомпилированных, и динамически загружаемых модулей (*Java*-классы или *DLL*-объекты) можно сравнить с рефлекторными знаниями.

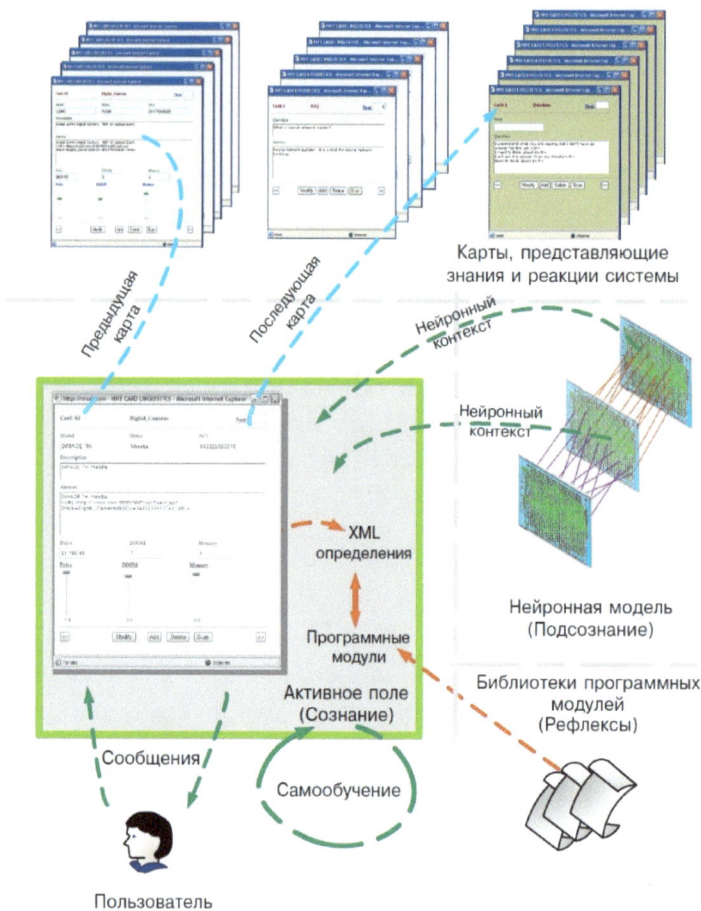

Рис. 64. *Последовательность переходов между объектами
пространства состояний*

Карты и *XML* выполняют роль особого соединительного механизма в интеграции алгоритмических и нейронных методов. *XML* является универсальным и открытым языком, для которого можно сравнительно легко создавать различные интерпретирующие системы, а карты обладают интуитивным пользовательским интерфейсом, позволяющим внешним пользователям поддерживать и развивать интегрированную систему.

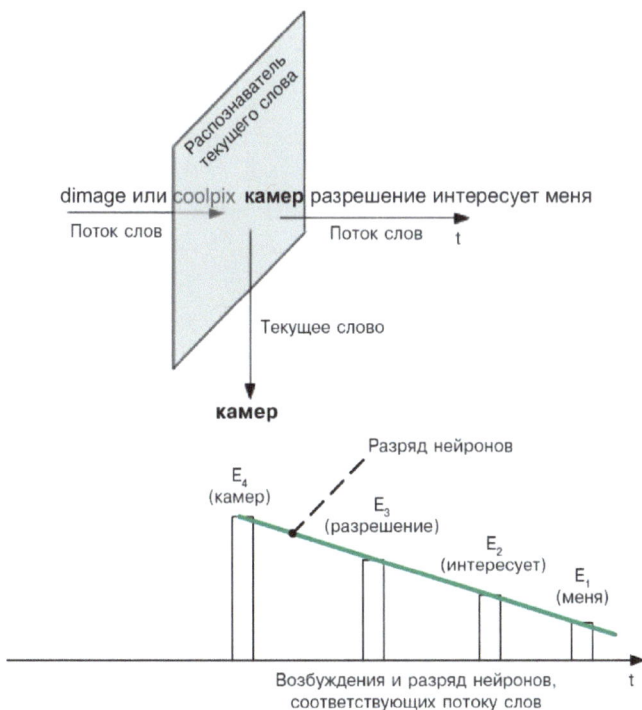

Рис. 65. *Последовательность слов в потоке речи и соответствующие возбуждения нейронов*

Алгоритмические методы позволяют подключить к нейронным моделям широкий набор решателей-агентов для анализа речи, принятия решений, традиционных численных и программных задач и т. п. Интеграция этих двух различных способов моделирования, основанных на принципиально различных аксиоматиках, возможна лишь путем их искусственного объединения, и именно для этих целей и служит активное поле.

Такая интеграция позволяет, например, эффективно решать задачи, связанные с пониманием различных форм речи. В восприятии устной и письменной речи есть много общего, но в тоже время они принципиально отличаются по динамическим характеристикам, по времени реакции и по грамматическим свойствам. В процессе разговора участники обмениваются сообщениями, соответствующими определенной теме. В том случае, когда один из участников задает вопрос, от второго участника предполагается получение ответа, и при этом время, в течение которого этот ответ должен быть получен, ограничено достаточно жестко. Реакция на полученные сообщения происходит в реальном времени, и поток слов, определяющий данный разговор, как правило, не может быть повторен сначала.

По характеру взаимодействия и времени реакции, обмен сообщениями можно свести к трем основным формам.

Живая речь. *Сообщение не является целостным и не доступно в текстовом виде. Отсутствуют четкие границы, разделяющие фразы. Время ответной реакции критично. Контекст зависит от времени.*

Чат. *Время реакции ограничено, сообщение доступно для анализа. Контекст конкретного сообщения может зависеть от предыдущих сообщений. Фразы достаточно разделены, хотя встречаются нарушения общепринятых грамматических правил.*

Текстовые сообщения, электронная почта. *Все сообщение представляет законченную последовательность предложений. Время реакции не критично.*

Чаты или обмен сообщениями в текстовом виде занимают промежуточное положение между динамичным устным разговором и статичным процессом чтения текстов. В чатах, так же, как и в условиях устной речи, существует ограниченное время реакции на сообщения, однако сообщения в чате представляют собой, как правило, вполне законченные грамматические конструкции.

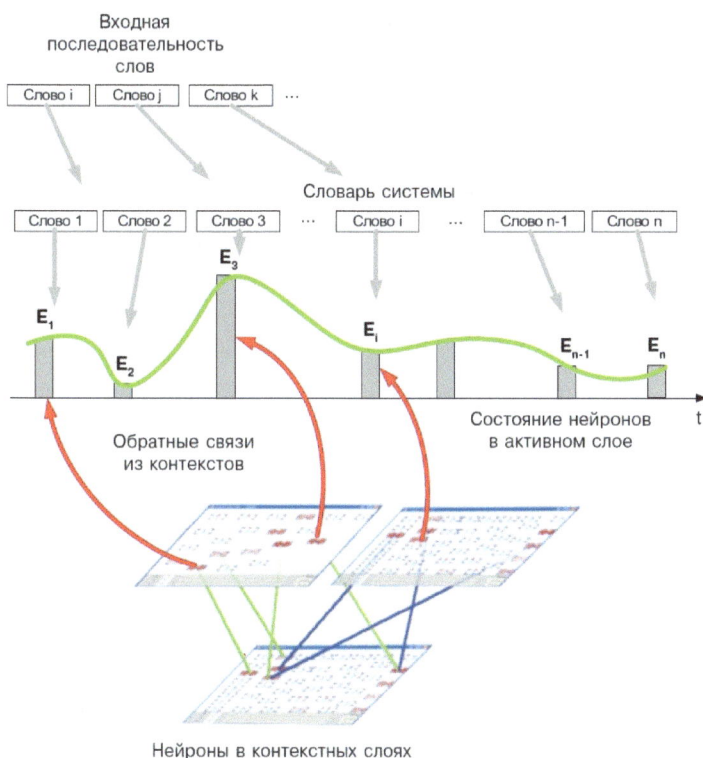

Рис. 66. *Последовательность слов и обратные связи из контекстных слоев*

В устной речи поток слов не образует законченные фразы, имеющие четко выраженные грамматические формы. Предложения могут быть выделены в этом потоке весьма условным образом, в отличие от чатов или обычных статических текстов. Разделение грамматических конструкций в устной речи значительно сложнее, чем в письменной. Помимо таких факторов, как интонация, специальные обороты речи и паузы, время являются важным атрибутом, позволяющим определить границы предложений и установить контекст, связывающий отдельные, иногда достаточно отстоящие друг от друга, слова по смыслу. На рис. 66 показана структура связей между активным слоем, в котором хранятся текущие слова, имеющие отношение к конкретному разговору и контекстными слоями, позволяющая поддерживать активными те слова или значения, которые имеют отношение к текущему моменту. В процессе разговора слова активного слоя получают изначальное возбуждение, которое со временем угасает, если из контекстных слоев это слово не получит дополнительное возбуждение, подтверждающее важность этого слова на текущий момент.

Нейронные системы, прекрасно приспособленные для отображения большого количества динамических процессов, идеально подходят для моделирования динамики изменения смысла устной речи. При этом контекст разговора, представляя механизм обратной связи, может влиять как на слова или значения, хранимые в активном слое, так и на связанные значения внутри контекстных слоев.

Характер взаимодействия влияет на структуру речи человека вне зависимости от того, является его собеседником другой человек или компьютер. В одной из ранних работ на эту тему [6] рассматриваются изменения в структуре речи человека в зависимости от способа коммуникации. Авторы рассматривают разговоры между двумя людьми в прямом общении, по телефону и через компьютерный терминал (аналог современного чата). Анализируя ситуационные разговоры между людьми, в статье приводится интересное заключение по поводу использования прямых контекстных оборотов - слов *ЭТОТ*, *ЭТО*, *ТОТ* и т. п. В чате такие контекстные указатели используются значительно чаще, чем в телефонных разговорах. Очевидно, что возможность видеть предыдущие сообщения позволяет человеку быстро определить смысл контекстных связей и тем самым сократить время на передачу повторных слов или словосочетаний, за счет использования коротких контекстных указателей.

Во время устного живого разговора, у человека нет возможности вернуться к предыдущим сообщениям, однако компьютер способен хранить всю последовательность поступивших слов, и для того, чтобы поддерживать общение в привычной для человека форме, компьютерные системы должны обладать способностью *«забывать»* предыдущие сообщения аналогично тому, как это делает человек. Такая способность к *«забыванию»* в нейронных моделях моделируется за счет разряда нейрона. Пример, демонстрирующий возбуждение и разряд нейронов в промежуточном слое в результате воздействия последовательности слов, показан на рис. 38.

В том случае, когда партнером человека в устном общении выступает компьютер, предварительное распознавание осуществляется, как правило, акустической системой распознавания голоса (*Automatic Voice Recognition - AVR*), которая затем передает последовательности слов в лингвистическую систему распознавания речи (*Automatic Speech Recognition - ASR*). Большинство систем *AVR* использует грамматики, позволяющие распознать слова в контексте определенного предложения. Применение грамматик значительно повышает качество распознавания за счет добавления вероятностной характеристики слова в последовательности. Задача распознавания речи заключается в поиске такого сочетания акустических моделей вместе с лингвистическими, при котором обеспечивается наиболее эффективное определение вероятностей словосочетаний в последовательностях акустических форм слов и соответствующих им словарей.

В тех случаях, когда грамматики хорошо заданы, современные акустические распознаватели позволяют получить исключительно высокую точность распознавания.

Очевидно, что с расширением предметной области разговора происходит увеличение сложности грамматик, и именно в этом заключается проблема современных систем распознавания речи. Практически невозможно создать универсальную грамматику, способную обеспечить распознавание последовательностей слов для всевозможных вариантов человеческих сообщений, даже для сравнительно узких предметных областей. Среди различных способов, которые могут быть использованы при решении этой проблемы, можно выделить статистические модели (*Statistical Learning Models - SLM*), способные самообучаться в процессе предварительной тренировки (см., например, [5]), и методы адаптивного управления, позволяющие выделять закономерные последовательности и обучаться с помощью хорошо сбалансированных алгоритмов и критериев [33].

Один из путей порождения акустических грамматик лежит в применении нейронных моделей, способных устанавливать взаимосвязи в последовательностях слов (или элементов их

145

представляющих). На рис. 67 показан результат обучения словарного слоя нейронной модели на последовательности предложений, взятых из протоколов чатов, таких, например, как:

What is Longhorn?
Who are you?
Tel me about your company
Tell me about your technology
How long have you been in business?
What is your phone number?
What is his phone number? ...

Обучение нейронной модели заключается в построении первоначального словаря и затем в установлении связей между словами предложений и последующей корректировке этих связей по мере обучения на последующих фразах. Существует множество алгоритмов обучения нейронных сетей, которые могут быть легко применены к нашей модели.

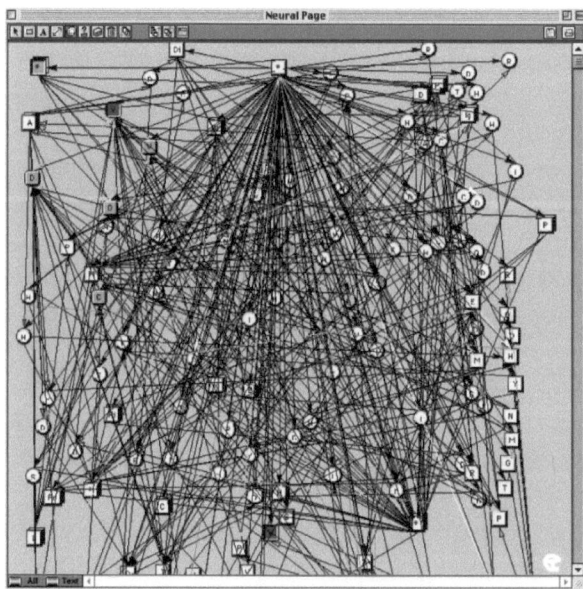

Рис. 67. *Зависимости между словами после обучения*

146

ТИПОВЫЕ КОНСТРУКТИВНЫЕ ЭЛЕМЕНТЫ

Широкое распространение и, в конечном счете, успех Веб обусловлены удачным сочетанием технологических возможностей двух групп, непосредственно участвующих в создании сайтов - специалистов, отвечающих за содержание страниц, и программистов, которые делают эти страницы функциональными и активными. Диапазон средств редактирования содержимого веб-страниц позволяет специалистам, не имеющим навыков в программировании, публиковать знания в той форме, которая близка к традиционным методам публикаций материалов в бумажном виде. Терминология и средства редактирования основаны на таком доступном, практически для всех образованных людей, понятии как страница. С другой стороны, программные компоненты, которые могут быть встроены в страницу, представляют широкий спектр возможностей - от простейших скриптов, написанных на *Visual Basic*, до весьма сложных систем динамической генерации при помощи *CGI* модулей, что позволяет подключить к процессу проектирования вебсайта программистов самой различной квалификации и специализации.

Такие особенности организации и технологических приемов веб-дизайна, вполне могут быть применены в нейронном моделировании. Определенная часть этого процесса связана с представлением и управлением предметными знаниями, и этим занимаются, в первую очередь, специалисты из различных областей, как правило, не являющиеся профессиональными программистами или математиками. Эти специалисты формируют словари, определяют смысл и взаимосвязи между содержимым, подготавливают ответы и т. п. Для них, нейронные модели представлены в виде различных концептуальных редакторов. Одним из видов концептуального редактирования является использование *карт*, которые можно рассматривать как аналог страниц вебсайта в Интернет. Карты могут служить основой для накопления знаний в форме, привычной для специалистов, в такой же мере, как и образ страниц привычен при создании текстовых и графических материалов в электронном виде.

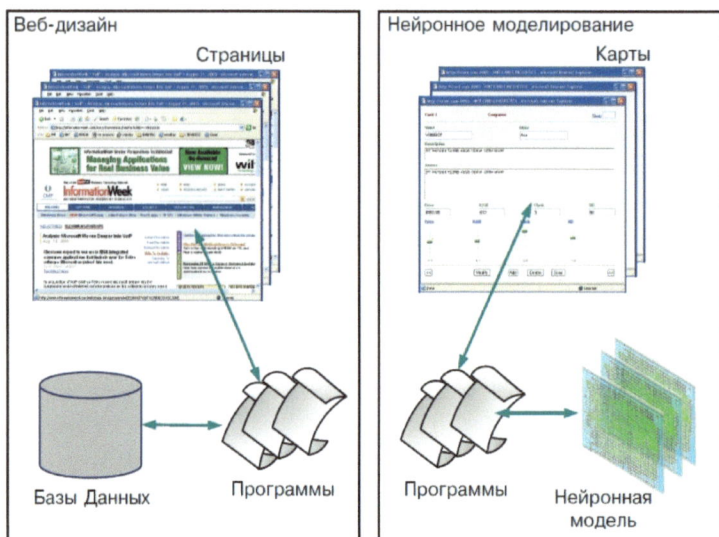

Рис. 68. *Веб-дизайн и нейронное моделирование*

Другая часть нейронного моделирования относится к области профессионального программирования, и здесь, так же как и в процессе веб-дизайна, программисты могут наполнять этот процесс динамическим содержимым. В программировании нейронных моделей можно выделить следующие основные направления:

- *создание интерфейсов к базам данных и интеграция результатов поиска в генерируемые ответы;*
- *программирование различных методов распознавания и классификации, применительно к конкретному нейронному ядру;*
- *создание фоновых программ для управления диалогом;*
- *создание последовательностей нейро-ДНК для клонирования необходимых нейронных структур.*

Так же как в алгоритмическом программировании, где существуют базовые алгоритмы, методы построения программ, в нейронном программировании существуют аналогичные способы интерпретации и соответствующие структуры. Практическая реализация интерактивных систем, использующих нейронные модели во многом зависит от их интеграции с традиционными алгоритмическими методами и программами. При этом, помимо протоколов и интерфейсов, позволяющих различным компонентам системы обмениваться данными, особая роль принадлежит типовым элементам и структурам, использование которых может существенно сократить время разработки.

В потоке сообщений, которыми обмениваются интерактивные системы, всегда можно выделить группы взаимосвязанных предложений, между которыми существует определенная контекстная связь. В живой речи ответная реакция зависит как от информации, содержащейся в полученном сообщении, так и от принадлежности этого сообщения к определенной лингвистической группе. Например, в русском языке предложения делятся на *повествовательные*, *восклицательные* и *вопросительные*, однако можно расширить эту классификацию введя дополнительные группы, такие как *просьбы*, *вопросы*, *утверждения*, *ответы*, *высказывания* и т. п.

Принадлежность полученного сообщения к той или иной группе и связанный с этим контекст определяют последующие ответные реакции системы. Для хранения состояний и контекстов, отражающих динамику взаимодействия и способных влиять на ответные реакции, нам понадобятся различные распознаватели и запоминающие элементы, среди которых мы будем различать *взаимоисключающие* контекстные элементы, *независимые* и *взаимодополняющие*.

Взаимоисключающие элементы определяют группу событий или состояний, для которых в нейронной модели, в каждый момент времени, активным значением обладает только один соответствующий этому событию нейрон. Для всех остальных нейронов данной группы состояния устанавливаются в неактивное значение. Взаимоисключающие элементы моделируются в виде n-плечевого триггера (рис. 69). Примером взаимоисключающей группы может служить тип предложения, модель камеры, производитель и т. п. Если покупатель хочет купить определенную камеру и делает следующее утверждение (или отвечает на вопрос):

Покупатель: *Меня интересуют камеры Sony*

то в одном из слоев нейронной модели, отвечающем за хранение контекста «*Производитель*», должен быть установлен единственный нейрон, соответствующий значению "*Sony*".

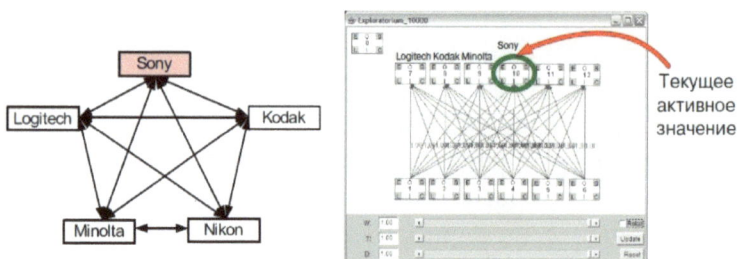

Рис. 69. *Структурное представление взаимоисключающего набора значений контекста «Производитель»*

На рис. 69 показано структурное представление этого контекста и соответствующее этой структуре нейронное воплощение, реализованное при помощи группы из 6 триггеров. Очевидно, для того чтобы построить один такой контекстный слой мы можем воспользоваться клонированием, рассмотренным выше в главе «*Контексты и временная логика*».

Как видно из приведенных примеров, можно использовать одну и ту же нейронную структуру для моделирования взаимоисключающей контекстной группы для типов предложений, производителя продукции, модели и т. п. С помощью механизма клонирования нейро-ДНК мы можем заблаговременно «*вырастить*» (рис. 70) достаточное количество контекстных слоев и подключать их к соответствующим структурно-функциональным группам по мере необходимости, либо добавлять новый слой в тот момент, когда в нем возникает потребность.

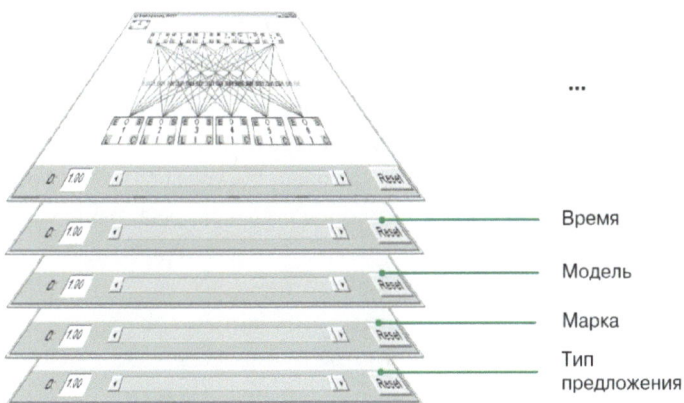

Рис. 70. *Стек взаимоисключающих контекстных групп*

Можно предположить, что в период развития человеческого зародыша происходит нечто подобное - организм выращивает необходимые в будущем структуры и в процессе жизни задействует по мере необходимости под соответствующие контексты. Если предположить, что развитие головного мозга происходит подобным образом, гипотеза о том, что человеческий мозг используется лишь на 10%, получает вполне объективное обоснование - если биологические структуры подготовлены для будущих соединений, то в этом случае избыточность системы должна быть достаточной, чтобы запасов нейронных групп было достаточно на протяжении всей жизни.

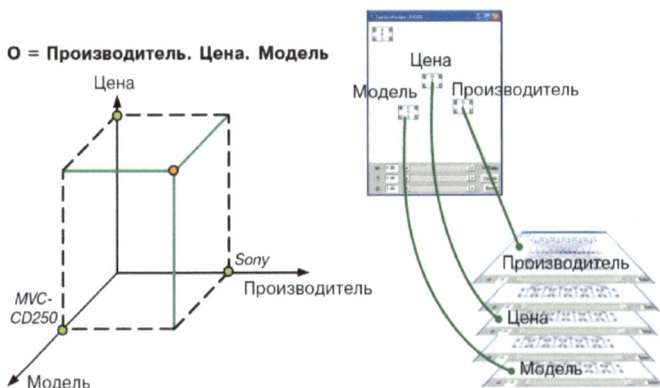

Рис. 71. *Взаимодополняющие контекстные значения*

Готовые контекстные слои могут быть присоединены к выходам распознающих слоев, которые отвечают за определение смысла текущей фразы. Выходы контекстов могут использоваться в качестве обратных связей для распознающих слоев или служить основанием для генерации ответов, в программах-интерфейсах к базам данных и т. п.

Взаимодополняющие значения контекстных слоев позволяют создавать сложные структуры на основе различных характеристик и свойств предметной области. На рис. 71 показано координатное пространство взаимодополняющих значений, характеризующих представление покупателя о камере в текущий момент времени. Текущие значения взаимоисключающих контекстов на более высоком уровне могут образовывать группы *взаимодополняющих* значений.

Проверяя состояние соответствующих контекстных слоев, система всегда может знать, что конкретно в данный момент времени подразумевает собеседник. Можно считать, что *Производитель*, *Модель* и *Цена* являются именами переменных, которые может использовать программист, например, при построении обращений к базам данных.

Хотя нейронные модели обладают активными свойствами, которые принципиально отличают их от традиционных баз данных, однако практически все операции, применимые к базам данных, применимы и к нейронным моделям. Так, например, оператор *SELECT* позволяет получить значения конкретных нейронов или группы нейронов, принадлежащих к определенному кластеру (слою).

Так же как не существует универсального способа дизайна веб-страниц, не существует универсальных методов проектирования нейронных моделей - нейронные кластеры можно соединять произвольным образом. Рассмотрим один из примеров построения лингвистического анализатора, который используется в системе построения виртуальных помощников. Примеры лингвистических моделей приведены в разделе «*Демонстрация работы лингвистической нейронной среды*» НЭС, а на рис. 72 показана блок-схема взаимодействия различных функциональных нейронных слоев в процессе анализа фраз, поступающих из внешней системы.

На самом первом этапе слова, из которых состоит фраза, последовательно возбуждают нейроны словарного слоя. Все нейроны, уровень возбуждения которых достиг порогового значения, обозначаются на этом рисунке как обладающие токеном, который может быть передан далее, на группы слоев, выполняющих роль первичного распознавания. Распознаватели, в зависимости от комбинаций слов и контекстных значений, формируют промежуточные выходные значения, которые служат основой для перераспределения возбуждений в группах контекстных слоев. Контекстные слои образуют группы нейронов, осуществляющие основные функции по анализу и формированию так называемого *понимания* текущей ситуации.

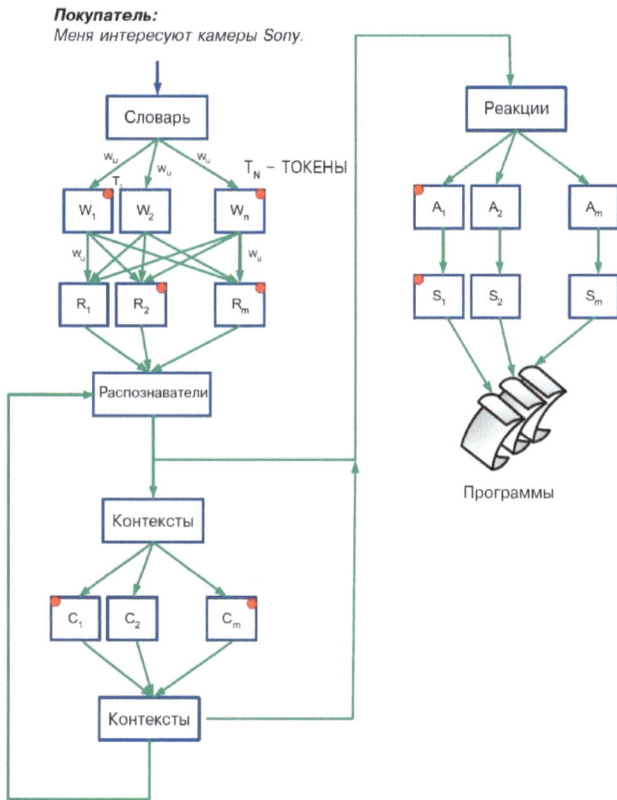

Покупатель:
Меня интересуют камеры Sony.

Рис. 72. *Взаимодействие нейронных слоев в процессе анализа предложений*

На основании их состояния вырабатываются выходные реакции и формируются возбуждения в обратных связях, которые будут определять распознавание последующих фраз. Реакции, в конечном итоге, формируют возбуждения в выходном слое, с которым работают программы генерации ответов. Нейроны выходного слоя, с одной стороны, определяют какая конкретно программа будет вызвана для обработки и генерации текущего ответа, а с другой, подготавливают для этой программы определенные лингвистические значения, такие, например, как цена, качественные характеристики и т. п. Программы также могут получать текущие значения контекстных слоев и использовать их для генерации запросов в базы данных.

Важное свойство интерактивных систем состоит в необходимости следовать логической последовательности вопросов и ответов, инициированных как одной, так и другой стороной. Нейронные модели обладают эффективным механизмом, позволяющим поддерживать логику общения совершенно отличным от классического блок-схемного подхода способом.

Будем понимать под «*вопросом*» такое сообщение mQ_i, которое система S_1 посылает в систему S_2, что после его посылки система S_1 порождает внутри себя процесс ожидания из системы S_2 ответного сообщения mA_i. Иными словами, после посылки сообщения mQ_i система S_1 порождает внутри себя процесс, содержащий оператор $WAIT(e_i)$. В общем случае процесс $P(mQ_i)$ и оператор $WAIT(e_i)$ могут зависеть от времени, и по истечении определенного времени процесс $P(mQ_i)$ может прекратить состояние ожидания.

Одна из специфических особенностей интерактивных процессов заключается в том, что каждая из принимающих участие в процессе общения сторон может инициировать сообщения самостоятельно и не обязательно в контексте предыдущего обмена.

Суть асинхронного обмена сообщениями заключается в том, что вопрос и ответ при обмене между людьми не являются строго связанными событиями. Ниже приведен характерный фрагмент разговора, в котором вопрос системы остается без ответа, а ответное предложение состоит из двух частей, которые должны интерпретироваться в зависимости от контекста:

Система: Здравствуйте, как поживаете?
Человек: Привет, меня интересует погода на завтра.

Или в случае, если диалог инициирует человек:

Человек: Привет, меня интересует погода на завтра.
Система: Здравствуйте, завтра ожидается .... Да, кстати, Вы не хотели бы...

Решение с помощью нейронной модели позволяет использовать подход, основанный на возможности выбора последующего вопроса на основании наиболее активного состояния связи между текущим нейроном и всеми возможными продолжениями. На рис. 73 показана схема выбора следующего наиболее подходящего вопроса из текущего состояния.

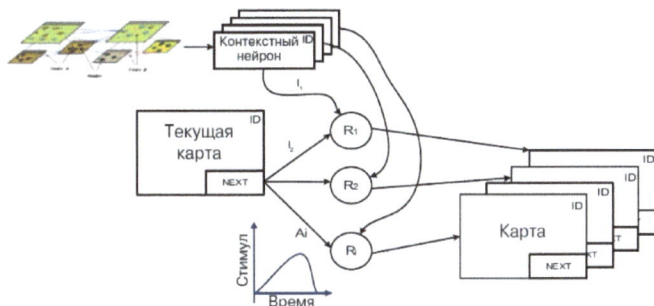

Рис. *73. Генерация последовательности вопросов и ответов*

Адекватная реакция системы может существенно усложниться, если учесть, что время, необходимое для получения ответа, как со стороны человека, так и со стороны информационной системы, может составлять продолжительный интервал, вполне достаточный для того, чтобы за это время можно было сформулировать и ввести очередное сообщение. Последовательное программирование таких диалогов отличается неоправданным усложнением логики даже для случаев с незначительным количеством предполагаемых реакций. Проблема обработки распределенных ожиданий (*Wait*) может быть решена распределением соответствующих возбуждений в нейронах модели.

Справедливо считается, что наиболее сложным в нейронном моделировании является создание многослойных распознающих и реагирующих структур. Однако с помощью клонирования с применением *нейро-ДНК* этот процесс может быть существенно упрощен, поскольку созданные один раз структуры можно размножать, передавая репродуцирующие последовательности из одной модели в другие.

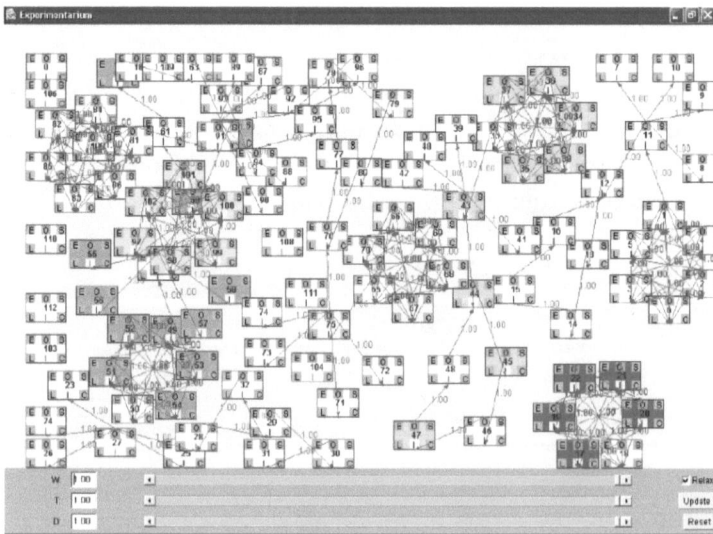

Рис. 74. *Модель основных типовых диалоговых структур, «выращенная» при помощи механизма размножения на базе нейро-ДНК*

На рис. 74 показан *Пример 5. НЭС*, в котором одна и та же последовательность *нейро-ДНК* используется при клонировании группой нейронов, что делает возможным создание практически неограниченных по сложности моделей. Можно предположить, что добавление механизма мутаций в нейронные модели приведет к появлению совершенно непредсказуемых по своим свойствам и поведению систем.

ЗАКЛЮЧЕНИЕ

Было бы значительно проще говорить о нейронном программировании, если его основы можно было свести к привычным стандартам, принятым при определении традиционных языков программирования, таких как *Java* или *C++*. Вполне возможно, что такие определения будут получены уже в недалеком будущем. Очевидно, что можно построить множество теоретически эквивалентных систем программирования, в которых найдутся способы решить иным путем все проблемы, рассмотренные в этой книге. Наверное, кому-то может показаться странным и непривычным способ программирования, который заключается в соединении элементов друг с другом или в подборе определенных сочетаний временных интервалов и весовых коэффициентов, в результате чего появляется уникальная структура, единственным способом проверки работоспособности которой, является эксперимент. Однако можно надеяться, что найдутся и такие, кто увидит в таком способе программирования возможность создавать системы, обладающие удивительной внутренней гармонией и при этом приносящие реальную практическую пользу.

Нейронное программирование - это способ построения нейронных моделей, и в то же время способ управления интерпретирующими механизмами, с помощью которых эти модели можно исполнять. Если следовать традициям в языках программирования, нам было бы необходимо в первую очередь построить грамматику нейронного языка и затем предложить структуру интерпретатора, способного исполнять нейронные программы. Однако по выражению фон Неймана - «*Язык мозга, это не язык математики*» [19]. Элементы, из которых состоят нейронные модели, принципиально отличаются от тех, из которых собраны традиционные вычислительные системы и так же принципиально должны отличаться методы их формализации.

Нейронные модели обладают одним неоспоримым достоинством - они необыкновенно просты и доходчивы и в этом между ними и музыкой есть удивительное сходство. В отличие от языков программирования, освоение которых обычно предполагает необходимость изучения сравнительно большого объема предварительных теоретических знаний, элементы нейронного моделирования, так же как музыки, могут быть очень быстро освоены практически каждым желающим. Так же, как и в музыке, в нейронных моделях простые результаты могут быть получены практически сразу, а по мере усложнения музыкальной композиции или нейронной модели, количество новых знаний и количество усилий, которые нужно при этом потратить, возрастают пропорционально. Линейная зависимость между сложностью модели и необходимыми усилиями хорошо согласуется с принципом, известным в философии науки как лезвие Оккамы.

Принцип Оккамы можно сформулировать следующим образом: «*Не следует вводить сущностей сверх необходимости*», и если исходить из этого принципа, то трудно найти более подходящий по своей простоте и в то же время необыкновенно конструктивный функциональный элемент, чем нейрон. Несмотря на то, что нейронные модели основаны на очень небольшом наборе аксиоматических понятий, на их основе могут быть получены весьма сложные и продуктивные системы.

Если продолжить сравнение музыки и нейронного моделирования и взять за отправную точку сложность и гармоничную целостность симфонических произведений, то можно увидеть, как далеко могут простираться возможности индивидуального нейронного программирования.

В нейронных моделях используя одни и те же конструктивные элементы, можно построить как простой автоответчик, способный распознавать смысл сообщений, получаемых по домашнему телефону, так и сложную самообучающуюся систему поиска полезной информации в Интернете. Расширяемость и интегрируемость таких моделей основана на простоте интерфейсов и протоколов взаимодействия нейронов.

Интеграция нейронных моделей в Интернет представляется наиболее интересной задачей на перспективу. Так же как Интернет, выступающий в роли гигантского аккумулятора знаний, накопленных всем человечеством, нейронные модели способны отражать и сохранять индивидуальные знания конкретного человека. Микромодель индивидуальных знаний, будучи соединенной с макромоделью знаний, в Интернете образует систему, способную усиливать работу мозга в такой же степени, как современные энергетические машины способны усиливать работу мускульных сил.

В начале Всего Он, которого эльфы называли Илюватар, породил из своих мыслей Айнуров, и следуя его замыслам, они исполнили Великую Музыку. И в этой Музыке зародился Мир...

Дж. Р. Р. Толкинен. «Сильмариллион»

ПРИЛОЖЕНИЕ

Нейронная Экспериментальная Среда

Читатели, имеющие доступ к Интернет, могут установить на своем персональном компьютере нейронный эмулятор и воспользоваться дополнительными демонстрационными материалами, которые расположены на сайте автора:

http://www.nnod.com/np/

Нейронный эмулятор или *Нейронная Экспериментальная Среда* (*НЭС*) состоит из *Ядра* (*Neural Core*), написанного на языке *Java*, и пользовательского *Web*-интерфейса, представляющего собой набор страниц, содержащих динамические расширения и функции, написанные на языке *JavaScript*. Для нормальной работы *НЭС* необходимо, чтобы на персональном компьютере была установлена виртуальная машина *Java*.

Работа с демонстрационными примерами

Все примеры, демонстрирующие работу нейронного ядра, организованы в виде папок с соответствующими названиями. Каждая папка содержит файл neuron.jar, который является исполнимым архивом Java-классов, для его запуска необходимо выполнить команду:

java cp neuron.jar neuron param0, param1, param2, param3

Параметры представляют значения внутренних переменных ядра по умолчанию:

param0 - весовой коэффициент связей - $W_{i,j}$
param1 - время разряда нейрона - D (Discharge_Time)
param2 - порог срабатывания нейрона - T (Threshold)
param3 - время разряда состояния «выделен» - delay_S

161

Эта команда может быть выдана непосредственно в окне интерпретатора команд (*Command Prompt*) или выполнена в результате запуска соответствующего файла *start.bat*.

После запуска ядра, если все установки произведены правильно, должны появится окно интерпретатора команд и окно нейронной оболочки.

Окно нейронной оболочки имеет название *Exploratorium_10000*, где *10000* - номер порта, который ассоциирован с первым нейронным слоем, представленным в этом окне. В последующих примерах могут быть открыты дополнительные окна-слои, с каждым из которых будет связан соответствующий порт *10001*, *10002* и т. д. Эти порты должны быть свободны и разрешены для обмена с приложениями внутри данного компьютера.

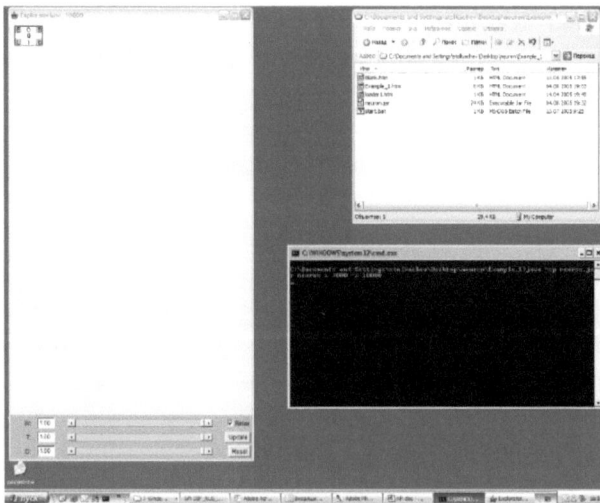

В приведенных примерах параметры *param0–param3* могут принимать различные значения. В Примере 1 (*Example_1*) эти значения установлены следующим образом:

java cp neuron.jar neuron 1 3000 1 10000

В этом случае:

$W = 1$

$D = 3000$
$T = -1$
$delay\_S = 10000$

Эти значения могут быть изменены во время работы ядра с помощью слайдеров, расположенных в нижней части окна нейронной оболочки, после чего они могут быть присвоены произвольно выбранному нейрону.

Поскольку значения параметров по умолчанию влияют на временные характеристики процессов и являются специфичными для каждого примера, рекомендуется закрывать *Java*-приложение и перезапускать его заново, используя для этого команду start.bat из соответствующей папки: *Example_1, Example_2, Example_3* и т. д.

В каждой папке, кроме этого, содержатся интерфейсные файлы *loader(i).htm* и дополнительно загружаемые - *Example_(i).htm* и *blank.htm*. Эти файлы содержат активные компоненты - скрипты и демонстрируют возможности взаимодействия нейронной сетевой оболочки с внешними приложениями. В этих страницах включены обращения к оболочке с использованием *HTTP*-протокола, где в качестве сервера используются каноническое имя локального компьютера *localhost* и внутренний порт *10000*:

$$URL = Host + o\_Port.value + \text{``}/1=c\text{''};$$
$$parent.Background.location.href = URL;$$

что соответствует обращению:

http://localhost:10000/1=c

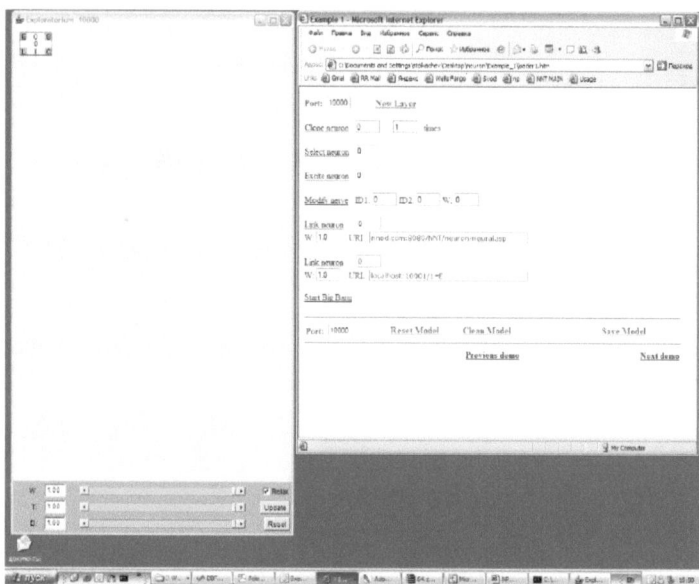

Результат этого обращения будет помещен в *0* фрэйм с названием *Background*, динамически созданный страницей *loader(i).htm*. После запуска ядра и интерфейсных страниц на экране монитора должно появиться окно браузера рядом с окном нейронного ядра, после чего все компоненты системы готовы к работе. В случае, если в персональном компьютере используется защита *Firewall*, необходимо разрешить работу активных компонентов и соответствующих портов.

В некоторых примерах кроме вышеперечисленных файлов, находятся файлы *neuro_DNA*. В Примере 4 - *0.dna*, а в Примере 5 - *0–9.dna*. Эти файлы содержат временные задержки и другие данные, необходимые для клонирования лингвистических структур, соответствующими нейронами.

ГЛОССАРИЙ

Адекватное - соответствующее коммуникативным установкам субъекта в процессе общения или восприятия. В философии этот термин служит для определения верности или, иными словами, качества восприятия. В этом смысле истина является абсолютом адекватности мышления бытию.

Бит - единица измерения информации. Соответствует изменению состояния системы в результате получения простейшего сообщения о событии, вероятность которого равна 0,5.

Гармония - стройная и соразмерная связь компонентов в единое целое. В музыке гармония основана на законах и правилах объединении звуков в созвучия. В отличие от мелодии, гармония определяет «вертикальное» согласование звуков. Данное - сообщение, записанное в любой форме и на любом носителе.

Информация - мера изменения состояния системы в результате получения сообщения из внешней среды. Измеряется в битах. Информация часто используется как синоним таких понятий, как данные, знания, факты и др.

Интерпретатор - программа, которая может выполнять другие программы. В отличие от компилятора, который только подготавливает программы для их дальнейшего исполнения в иной среде, интерпретатор немедленно приступает к выполнению последовательности команд.

Клонирование - производство идентичной копии на основании исходного образца.

Лексема - слово, рассматриваемое как единица словарного состава языка в совокупности всех его конкретных грамматических форм, а также всех возможных значений (смысловых вариантов). В одну лексему объединяются разные парадигматические формы одного слова (например, «словарь, словарём, словарю» и т. п.) и разные смысловые варианты слова, зависящие от контекста, в котором оно употребляется (например, «соль» в смысле названия вещества и в значении того,

165

что придает остроту или интерес какому-либо высказыванию, мысли и т. п.).

Лексикология - раздел языкознания, в котором исследуется словарный состав языка, его лексика, взаимодействие между значениями слов и понятиями. Понятия чаще всего интернациональны, тогда как значения слов национальны. Изучает закономерности функционирования и развития словарного состава языка.

Лингвистика - наука о языке. Объектом лингвистики является строение, функционирование и историческое развитие языка, язык во всем объеме его свойств и функций.

Математическая лингвистика - математическая дисциплина, разрабатывающая формальный аппарат для описания строения естественных и некоторых искусственных языков. Включает теории и способы описания синтаксических структур, формальных грамматик и аналитических моделей языка.

Мелодия - линейная последовательность событий. Мелодия представляет горизонтальное согласование звуков. Эти последовательности содержат повторяющиеся образы звуковых объектов (длительность и тон).

Мера - функция, которая устанавливает соответствие между количественной и качественной характеристиками явлений, объектов и процессов. Например, она позволяет связать такие характеристики, как «объем», «вероятность» «скорость» и числовые величины из некоторого множества значений.

Нейрон - специфичная клетка, которая осуществляет восприятие, обработку и передачу возбуждений от рецепторов к другим нейронам.

Нерв - соединение между нейронами, по которому передаются возбуждения. Аксон - единственный отросток, по которому импульсы передаются к другим клеткам. Синапсы - контакты, по которым импульсы поступают внутрь нейрона.

Обратная связь - обратное воздействие результатов процесса на его протекание или управляемого процесса на управляющий орган. Различают положительную и отрицательную обратные связи. Положительная - если результаты процесса усиливают его, отрицательная - когда результаты процесса ослабляют его действие.

Парадигма - система форм одного слова, отражающая видоизменения слова по присущим ему грамматическим категориям, например, по роду, числу и падежу для существительных, лицу, времени, виду и прочее для глаголов; схема изменения слова по грамматическим категориям; образец типа склонения или спряжения.

Переменная - одно из основных понятий математики, логики и программирования. В высшей математике под переменной понимается некоторая «величина», которая может «изменяться», принимая в процессе этого изменения различные «значения». В формализованных языках математической логики переменной называются символы фиксированного вида, могущие при определенных условиях заменяться выражениями. В программировании под переменной понимается тройка - идентификатор, область хранения и связанное с ними значение.

Полиморфизм - в физике, минералогии, химии способность некоторых веществ существовать в состояниях с различной атомной кристаллической структурой. Различие в структуре обусловливает и различие в свойствах полиморфных модификаций данного вещества.

Понятие - в формальной логике это элементарная единица мыслительной деятельности, обладающая известной целостностью и устойчивостью и взятая в отвлечении от словесного выражения этой деятельности. Понятие - это то, что выражается (или обозначается) любой самостоятельной частью речи, а если перейти от масштабов языка в целом к «микроуровню», - то членом предложения.

Предложение - основная единица связной речи, характеризуемая определенными смысловыми и структурными признаками. По отношению говорящего к высказываемой им мысли предложения делятся на три группы: повествовательные, восклицательные и вопросительные.

Процесс - последовательная смена состояний системы в результате как внутренних, так и внешних действий.

Рибосомы - внутриклеточные частицы, осуществляющие биосинтез белка; рибосомы обнаружены в клетках всех без исключения живых организмов: бактерий, растений и животных; каждая клетка содержит тысячи или десятки тысяч рибосом. Белок всех организмов состоит из 20 видов аминокислот. Каждый белок характеризуется определенным ассортиментом и количественным соотношением аминокислот.

Синхронизация - процедура согласования процессов обработки или передачи данных. Синхронизация осуществляется на физическом уровне: посредством тактирования, задающего единый стандарт дискретного времени для управления процессом передачи сигналов.

Система - совокупность объектов, которые могут быть выделены из среды при помощи границы. Система может энергетически или информационно взаимодействовать с другими системами.

Слово - центральная единица языка. В любом языке есть слово, означающее «слово». Основные свойства слова: фонетические и семантические, воспроизводимость, синтаксическая самостоятельность, валентность. Слова делятся на знаменательные (обозначающие некоторое понятие) и служебные, которые служат для связи слов между собой.

Словоформа - слово, рассматриваемое как представитель определенной лексемы и определенной грамматической формы. Совокупность всех словоформ данной лексемы образует ее парадигму.

Сообщение - объект, при помощи которого происходит взаимодействие. Сообщение всегда имеет физическую природу и, в отличие от всех остальных явлений, приводит к изменению состояния системы, которая это сообщение получила.

Состояние - набор параметров и их значений, характеризующих поведение системы во времени.

Среда - включает в себя все системы и все объекты, которые обладают физическими и информационными свойствами. Можно рассматривать среду, как универсальную систему, которая окружает любую, входящую в нее систему.

Энергия - общая количественная мера движения и взаимодействия всех видов материи. В классической физике энергия системы меняется непрерывно и может принимать любые значения. В квантовой теории энергия микросистемы может принимать только дискретные значения.

БИБЛИОГРАФИЯ

1. **Aristotle.** The Basic Works of Aristotle. - New York: The Modern Library, 2001.
2. **Berners-Lee, T.** Information Management: A Proposal. - CERN, 1989. May. (www.w3.org/history/1989/proposal.htm)
3. **Brooks, F.** The Mythical Man Month. - Boston: Addison Wesley, 1995.
4. **Bush, V.** As We May Think // Atlantic Monthly. - 1945. Vol. 176. № 1. P. 101–108.
5. **Cherkassky, V., Mulier, F.** Learning from Data. - New York: John Wiley & Sons, 1998.
6. **Cohen, P. R., Fertig, S., Starr, K.** Dependencies of discourse structure on the modality of communication: telephone vs. teletype // Proceedings of the 20th conference on Association for Computational Linguistics. - Toronto, Ontario, Canada. - 1982. June 16_18.
7. **Dijkstra, E. W.** The Structure of the THE-Multiprogramming System // Communications of the ACM. - 1968. Vol. 11. № 5. P. 341–346.
8. **Einstein, A.** Relativity. The Special and the General Theory. - New York: Three Rivers Press, 1961.
9. **Fellbaum, C.** WordNet: An Electronic Lexical Database. - Cambridge, MA: MIT Press, 1998.
10. **Feynman, R. P.** Feynman Lectures on Computation. - Cambridge, Mass.: Perseus Publishing, 1999.
11. **Godel, K.** On Formally Undecidable Propositions of Principia Mathematica and Related Systems. - New York: Dover Publications, Inc., 1992.
12. **Heisenberg, W.** Physics and Philosophy. The Revolution in Modern Science. - New York: Prometheus Books, 1999.
13. **Heisenberg, W.** The Physical Principles of the Quantum Theory. - Leipzig, Dover Publications, Inc., 1949.
14. **Ingram, J.** The Notation of Time // Contact Magazine. - London, 1985.

15. **Maass, W., Natschlager, T., Markram, H.** Computational models for generic cortical microcircuits // Computational Neuroscience: A Comprehensive Approach / In J. Feng, editor. - Boca Raton: Chapman & Hall/CRC, 2004. P. 575–605.

16. **Maass, W., Natschlager, T., Markram, H.** The "liquid computer": A novel strategy for real time computing on time series // Special Issue on Foundations of Information Processing of TELEMATIK. - 2002. Vol. 8. № 1. P. 39–43.

17. **Martin, J.** Cybercorp: The New Business Revolution. - 1996. - ISBN 0_814_40351_4.

18. **McCulloch, W., Pitts, W.** A logical calculus of the ideas immanent in nervous activity // Bulletin of Mathematical Biophysics. - 1943. Vol. 7. P. 115–133.

19. **Neumann, J.** The Computer and the Brain. - 2_nd edition. - New Haven, Conn.: Yale University Press, 2000.

20. **Neumann, J.** First Draft of a Report on the EDVAC: Contract 670_ORD4926, Philadelphia, PA. - Morse School of Electrical Engineering. University of Pennsylvania. - 30 June 1945.

21. **Pink, D. H.** A Whole New Mind. - New York: The Berkley Publishing Group, 2006.

22. **Shannon, C.** A Mathematical Theory of Communication // The Bell System Technical Journal. - 1948. Vol. 27. July, October. P. 379–423, 623–656.

23. **Shannon, C.** The Bandwagon // IRE Trans. Information Theory. - 1956. Vol. 2.

24. **Stay, J. F.** HIPO and integrated program design // IBM Systems Journal. - 1976. Vol. 15. № 2. P. 143.

25. **Stravinsky, I., Craft, R.** Conversations with Igor Stravinsky. — Berkeley: University of California Press, 1980.

26. **Tecuci, Gh., Boicu, M., Marcu, D.** Training and Using Disciple Agents: A Case Study in the Military Center of Gravity Analysis Domain // AI Magazine. - 2002. Vol. 23. № 4. P. 51-68.

27. **Teller, A., Veloso, M.** Neural programming and an internal reinforcement policy. In First International

Conference Simulated Evolution and Learning. - Springer-Verlag, 1996.

28. **Turing, A. M.** Computable Numbers, With an Application to the Entscheidungsproblem // Proceedings of the London Mathematical Society. - 1936. Vol. 42. № 2. P. 230–265.

29. **Watson, J. D., Crick, F. H. C.** Genetical implications of the structure of deoxyribonucleic acid // Nature 171. - 1953. May.

30. **Wiener, N.** Cybernetics. - 2-nd edition. - Cambridge, Mass.: MIT Press, 1961.

31. **Winograd, T., Flores, F.** Understanding Computers and Cognition: A New Foundation for Design. - Addison_ Wesley, 1987.

32. **Заде, Л.** Понятие лингвистической переменной и его применение к принятию приближенных решений / Л. Заде. - М.: Мир, 1976.

33. **Жданов, А. А.** Бионический метод автономного адаптивного управления // От моделей поведения к искусственному интеллекту / Под ред. В. Г. Редько. - М.: УРСС, 2006.

34. **Колмогоров, А. Н.** Теория информации и теория алгоритмов / А. Н. Колмогоров. - М.: Наука, 1987.

35. **Раушенбах, Б. В.** Геометрия картины и зрительное восприятие / Б. В. Раушенбах. - СПб.: Азбука классика, 2002.

36. **Раушенбах, Б. В**. Пространственные построения в древнерусской живописи / Б. В. Раушенбах. - М.: Наука, 1975.

37. **Сеченов, И. М.** Рефлексы головного мозга // Сеченов И. М., Павлов И. П., Введенский Н. Е. Физиология нервной системы: Избранные труды: Вып. 1 / Под общ. ред. К. М. Быкова - М.: Гос. Изд-во мед. лит., 1952.

38. **Шеннон, К.** Работы по теории информации и кибернетике / К. Шеннон. - М.: Изд-во ин. лит., 1963.

www.ingramcontent.com/pod-product-compliance
Lightning Source LLC
Chambersburg PA
CBHW041313210326
41599CB00008B/260